宋文新　黄蒙水　著

为什么是浙江人

宁波出版社
NINGBO PUBLISHING HOUSE

图书在版编目(CIP)数据

为什么是浙江人/宋文新,黄蒙水著.—宁波：宁波出版社,2021.1
ISBN 978-7-5526-3755-7

Ⅰ.①为… Ⅱ.①宋…②黄… Ⅲ.①人物—生平事迹—浙江 Ⅳ.①K820.855

中国版本图书馆 CIP 数据核字(2019)第 268844 号

为什么是浙江人
WEISHENME SHI ZHEJIANGREN

作　　者	宋文新　黄蒙水
责任编辑	晏　洋
责任校对	何培瑶　陈　钰
摄　　影	李哲舟
装帧设计	金字斋
出版发行	宁波出版社
	(宁波市甬江大道1号宁波书城8号楼6楼　邮编　315040)
网　　址	http://www.nbcbs.com
印　　刷	宁波白云印刷有限公司
开　　本	787mm×1092mm　1/16
印　　张	16.5
字　　数	200千
版　　次	2021年1月第1版
印　　次	2021年1月第1次印刷
标准书号	ISBN 978-7-5526-3755-7
定　　价	98.00元

(如发现缺页或倒装,影响阅读,请与出版社联系调换　电话:0574-87248279)

序　言

水似乎是浙江文化的重要注脚。认识浙江，从水开始。

在浙江大地，盘踞着钱塘江、瓯江、椒江、甬江、苕溪、江南运河、鳌江、飞云江八大水系，安躺着西湖、南湖、鉴湖、东钱湖四大湖泊，与江苏分享太湖两千多平方公里的碧水烟波。

水随形而方圆，人随势而变通，浙江人骨子里就有水一样立足当下、干在实处的精神基因。

浙江还用六千多公里的海岸线长度，拥抱着浩渺无边的东中国海。又用整个一条江来迎接她的浪倾潮涌，于是有了钱塘潮。钱塘潮既是地理奇观，更熏陶着浙江人以勇立潮头的姿态呼应着世界潮流的浩浩汤汤。

大海洋洋，浙商的足迹顺着海路遍布全世界，他们推陈出新，走在了时代前列，形成了一份典型的无区域经济样本，一支为世界经济带来强劲活力的商帮典范队伍。余秋雨说，就算是再远的土地上，都能找到浙江商人的脚步。

此外，在文学、艺术、教育、政治等诸多领域，都有太多的浙江人，和与浙江这片土地有关系的人，在浙江和浙江以外留下耐人寻味的故事。

我们尝试着在这些故事以及零零碎碎的遗存中去理解他们，并用文字去表达这种理解，做穿越时空的对话，慢慢地写成了一篇篇文章。

我们从浙江风雅的肌理，从某种表层的形式和形式关系，慢慢去触摸浙江的风骨，渐渐有了"为什么是浙江""为什么是浙江人"这样的设问和答案。

习近平总书记把浙江精神概括为"干在实处、走在前列、勇立潮头"，我们从数十位名人的故事中深刻感受到了这种概括的贴切之处，思想的光芒可以折射时间的远方，正是长久以来，先贤们干得实、走在前、立潮头，才有了山河湖海的浙江、士农工商的浙江、诗文道流的浙江。

浙江精神是蕴藏在浙江文化基因里，浸透在浙江崇文重教、农商并举的乡贤文化景观里的深厚力量。

这里是谁的故乡？顺着这个问题得来的答案，往往能够判断一个地方大致的文明坐标和文明分量。在浙江有海有山、有江有湖的地方，隐藏着太多历史文化名人的故乡，这些人或涉足经济、或涉足政治、或涉足文学艺术，但最后都因为巨大的文化标杆意义，归宗于历史文化名人。

我们试图从世家文化和乡贤传统角度，去挖掘世家文化传统中的浙江精神脉络，为浙江精神寻找文化源头，重建浙江乡贤传统的一部分集体记忆，在一个个独立自足的完满的人物故事中，体味江南都有的趣味和情致。

目录

风骨教化 · 格物致知篇

知者不惑，仁者不忧，勇者不惧。

走过藏书楼，才算走过江南 003

已识乾坤大，犹怜草木青 009

最是人间留不住 016

此生幸遇先生蔡 023

世上苍生架上书 031

这个世界我总要来 037

一钩新月天如水 042

请在我的墓前挂一块黑板 046

开心阔达 · 诚意正心篇

时光静好，与君语；细水流年，与君同；繁花落尽，与君老。

我只款款，不盼情深 055

一生回一次绍兴 060

真是楼台烟雨中 068

江南花开为谁谢 072

南浔的心性 078

孤傲的孤山 088

乌镇的乡愁 095

我的万水千山，不是你的翘首以盼 100

爱你，就像爱一首诗一样 107

经世明道·修身篇

夫仁人者，正其谊不谋其利；明其道不计其功。

何处青山是越中 117

从此，我们更爱山水 123

人生只合住湖州 129

最忆是杭州 139

在载歌与忧患之间 146

大海洋洋，忘记爹娘 153

盛德有范·齐家篇

传家二字，曰耕与读；兴家二字，曰勤与俭；安家二字，曰让与忍。

东山谢氏 163

永和九年那场聚会 167

钱塘钱 172

上马击狂胡 下马草军书 182

明月前身 188

海宁查家 195

立心立命 · 治国篇

> 老当益壮,宁移白首之心;穷且益坚,不坠青云之志。

没有什么理由可以阻止一个国家出海 203

好山河,竟落得如此腥膻 208

1839 年的龚自珍 213

革命之前的章太炎 220

无路的旅人 225

为什么我的眼里常含泪水 233

我们这一代,应该为抗战而牺牲 247

后记 254

风骨教化·格物致知篇

言之者无罪,闻之者足以戒,故曰风。

知者不惑,仁者不忧,勇者不惧。

知、仁、勇三者,天下之达德也。

走过藏书楼，才算走过江南

宁波城中有个湖，叫月湖。南宋的时候，在湖的南面有个楼钥，湖的北面有个史守之，两人都是藏书家，分别建有东楼、碧沚楼，有"藏书之富，南楼北史"之称。楼钥曾经有诗云，"诗书心醉不容醒，父子笔耕期有年。此但古人糟粕尔，更须从此悟真筌"。400多年后的1561年，月湖的西面又开始修建起一栋藏书楼，楼名天一阁，名闻天下。

江南文化最深厚的地方，应该在时间深处。那一栋栋不同朝代、不同主人、不同风味的藏书楼，它才是江南水乡最重要的标签。走过藏书楼，才算走过江南。

官府、书院、寺庙、私家是江南这地方修建藏书楼的四股力量，其中私家藏书楼里的故事，读来令人激情澎湃又心酸。

自造纸术发明后，江南就盛行藏书之风，藏书、读书、科第、入仕、撰述，一并延绵，形成完整的文化生态生产链，成为中国历史上非常独特的一道风景。自唐至清末，苏州府、杭州府、常州府、绍兴府、宁波府、嘉兴府等地历代进士数量和状元数量都在全国排名前列。

在这块"先儒过化之地，名贤经行之所"，无数读书人以"一日不以古今浇胸次，览镜则面目可憎"的姿态，经年累月。甚至穷尽生命的热情，孜孜不倦地耕读于书卷瀚墨中，奔走于访书、抄书、买书、藏书途中，那一群群背书负笈、四方搜罗的虔诚文人，留给我们最坚毅的背影。

大家最熟悉的应该是越州山阴（今绍兴）人陆游吧。他是南宋爱国诗人，"六十年间万首诗"，可不为人知的是，他家还有万卷藏书。他的父亲陆宰就是著名藏书家，藏书一万多卷，藏书楼名曰"双清堂"。陆游从小就读遍了家中的藏书，"日且暮，家人呼食，读诗方乐，至夜，卒不就食。今思之，如数日前事也。"在父亲的藏书基础上，陆游继续收藏，于集市、书肆到处买书，给藏书室取了一个今天看来都很时髦的名字——"书巢"。晚年的陆游退居故乡山阴，把书斋命名为"老学庵"，他写了一首诗《题老学庵壁》："此生生计愈萧然，架竹苫茆只数椽。万卷古今消永日，一窗昏晓送流年。"

陆游的儿子陆子遹也是个收藏家，喜欢买书、刻书，可惜不是一个好官，那是另话。

陆游之前，陆游之后，都有大批辛苦的藏书人。最苦的当属宋末元初的藏书家胡三省。胡三省是宁波人，出生于1230年，世称"梅涧先生"，他不仅收藏书籍，还耗尽毕生精力、历经两次战乱为《资治通鉴》作注。

他的父亲胡钥非常爱好史学,经常给胡三省讲解历史书注解,并希望儿子能够重新给《资治通鉴》注释,因为他认为前人的注释错误太多了。父亲去世后,胡三省遵从父亲的遗愿,专心为司马光的《资治通鉴》作疏证,辛辛苦苦撰写成《资治通鉴广注》97卷和著论10卷。可惜到了1276年,天下不再太平。元军南下,战火纷飞,生灵涂炭,他带着一家老小和数箱书稿到新昌躲避战祸,不料书稿遗失了。他再购《资治通鉴》重新发愤作注,到1285年,前后历时30年,终于全部完成了《资治通鉴音注》。《资治通鉴》本身就有300多万字,胡注的字数差不多也有300多万字,对读音、字义、地理、制度等方面,都进行了详细注释、校勘考证,对全部文史进行了考订,补充了大量内容,纠正了前人不少错误,极大地方便了后世对《资治通鉴》的阅读和流传。第二年,即1286年,他又开始作《释文辨误》。可没过几年,1289年,宁波的杨海龙竖旗起义,攻下庆元。胡三省只好把《资治通鉴音注》等藏在好朋友袁桷东轩的石窖中,这一次终于得以完整保全。

胡三省自称"吾成此书,死而无憾",终究成就元一代著名史学家。

与胡三省有着相似遭遇的是明代山阴人祁承㸁,他遭遇的不是战火,而是火灾。他最开始藏书一万多卷了,可是万历五年(1577),一场大火把藏书焚毁殆尽。从万历十一年(1583)开始,他再次广为搜集书籍,最终藏书10万余卷。此外,为搜集和管理藏书,他还钻研藏书建设理论,提出了"因、益、通、互"四字分类法,"眼界欲宽、精神欲注、心思欲巧"的购书三术,

"审轻重、辨真伪、核名实、权缓急、别品类"的鉴书五法。

还得提一提徐渭这个大画家。他被袁宏道誉为"光芒夜半惊鬼神"的"旷世奇才"。他首创大写意花鸟画,是"青藤画派"的始祖,自认为"吾书首、诗二、文三、画四",他的藏书屋就是"青藤书屋",至今尚存于绍兴市区。

一般的藏书家,都是有功名的读书人,都有进士、举人头衔。可是也有许多藏书家,是毫无功名的布衣,南宋的诸葛行仁就是其中一位。绍兴五年(1135),宋高宗赵构建秘书省,为充实国家藏书诏求天下遗书,诸葛行仁率先进献了所藏的8546卷书,因此被朝廷嘉奖,封了官职。

同一时期还有个台州的藏书家叫蔡瑞,也是没有功名的人,也无其他嗜好,只喜好藏书,藏书的地方叫"石庵"。他看到族人"多贫而不能尽学",因此购买书籍放在石庵。为了让读书人专心读书,他还建造了数间便房,购买了百亩良田,包吃包住。在这种苦心经营下,后人们也渐渐有了登科第入仕途的气象。

正是藏书家们的心血倾注,才让一篇篇文章、一本本典籍,成为科考书生们的胸中意气、笔下风流。

藏书家们付出的当然不止心血,甚至得赔上万贯家产。明代鄞县丰氏一族自北宋以来就喜欢藏书,并且世代为官,是当地的名门望族,后辈丰坊更将藏书热情发挥到了极致。他为了买一批图书碑帖,将家中千余亩田产尽数卖出,被人称为"书淫"。他的藏书楼名为"万卷楼"。

古代书籍除了大量刻印版本外,还有不少抄本和流传不多的孤本。藏书家们为了得到这些稀世珍本,往往选择到处去访书抄书,"抄而藏之,舍此别无他途"。这方面的典型人物是明末清初的藏书家黄宗羲,他也是个无处不窥的"书淫",一年到头都在搜讨藏书。"游屐所至,遍历通衢委巷,搜鬻故书,薄暮,一童肩负而返,乘夜丹铅。次日复出,率以为常。"访书、抄书、买书、读书、写书,是他的生活全部。他和顾炎武、王夫之并称"明末清初三大思想家",堪称中国思想启蒙第一人,史、经、地、律、数、文无所不通。他的藏书楼叫"续钞堂",藏书总数在10万卷以上。1673年,他拜访天一阁,成为第一位进入天一阁读书的外姓读者。

靠抄书聚书的还有个著名藏书家全祖望,他从少年时代就开始在各个藏书楼借书抄书,甚至抄到了皇家藏书。他和黄宗羲一样,也是"浙东学派"的重要人物。

天一阁建造者、明朝兵部右侍郎范钦的故居司马第。古代的藏书家,并非只有文官或文人,身份非常庞杂。

读很多藏书楼的故事,最怕故事的结尾。大多数的结尾是,缺乏管理之道、家财散尽、贫困交加、子孙不肖、遭遇大水、身后大火……藏书散失,书楼自然也垮了。

好在有一个藏书楼的典范,那就是人人尽知的天一阁,至今还是江南、中国,乃至世界级的文化标本。

作为世界上最古老的藏书楼之一,天一阁在乾隆编撰《四库全书》这一浩繁文化工程时,进贡图书638种,为藏书家之冠。而在修建"四库七阁"的国家藏书楼时,乾隆也从建筑形制、书架款式、命名等诸多方面借鉴了天一阁的做法。

文明源流,于斯为盛。若到江南,除了流连水乡古镇、烟雨柳堤,一定要找几处金匮石屋,看看藏书,闻闻书香,那才是江南最美的味道。

已识乾坤大，犹怜草木青

1898年，梁启超联合上百举人上书，请求废除八股取士制度。

是年2月18日，鲁迅和弟弟周作人、堂叔周伯文一齐参加了绍兴县试，不过夺得县试榜首的，是比鲁迅小3岁的15岁少年马一浮。

马一浮的文章被民国时期浙江省第一任都督、交通总长、浙江名士汤寿潜看到，汤寿潜十分赞赏他的才气，就把长女汤孝愍许配给了他。

1899年，马一浮娶汤孝愍为妻。

他说自己是个不祥之人，一生少福泽。他的妈妈何定珠是个世家小姐，精通诗文，家治甚严，在他11岁的时候过世。没想到1901年，父亲病逝；1902年，深爱的妻子汤氏也病逝。从此他看淡世情，再也没有迎娶。别人劝他，他总说孔子的传人不是衍圣公,而是濂、洛、关、闽(周敦颐、二程、张载、朱熹)。"他日青山埋骨后,白云无尽是儿孙",他比谁都活得旷达,活得像个真丈夫。

他一头扎进书堆里。

1903年,因为懂英文,20岁的马一浮当选清政府驻美国使馆留学生监督公署秘书,来到美国圣路易斯,参与筹建第十二届世博会中国展馆。

马一浮在美国302天,认真学习西方理论和西方文艺,成为第一个把马克思的《资本论》引入中国的人。

回国后,马一浮与朋友谢无量一同隐居在江苏镇江的焦山海西庵,开始认真总结与消化西学理论和西方文艺。他翻译了塞万提斯的《唐·吉诃德》,题为《稽先生传》,刊登在《独立周报》上。

1905年底,马一浮到杭州,寄居广化寺,日日到文澜阁读《四库全书》。文澜阁是清朝皇家藏书楼,《四库全书》分经、史、子、集四大部类,一共35990册,是中华传统文化最丰富、最完备、最具学术价值的集成之作,中华文化能在这里找到她的基础基因。

在游历西方、饱读西方经典之后,马一浮选择了坚守传统文化,背对众生,离群索居。

他在西湖边花了整整3年读完文澜阁藏书。孤身一人的他,常常带点豆腐放在藏书楼的炉子上炖,简简单单地解决吃饭问题。

与其交从甚密的李叔同跟弟子丰子恺说,马先生是生而知之的。

马一浮选择寄居的广化寺是千年名寺,就在西湖边的孤山南麓,紧挨着文澜阁。当初白居易写《钱塘湖春行》,诗句"孤山寺北贾亭西,水面初平云脚低"中的孤山寺,便是广化寺。

苏东坡任杭州通判,其间也多次来广化寺和诗僧惠勤饮酒赋诗。

马一浮说,"我为学得力处,只是不求人知"。因此,他平生杜门,向内体究,不以闻见知识为能事,不以著书立说为究极。

正因为这样,他从不标新,而是以高度的文化自觉,潜心体究宋明理学,"吾于今世,气类之孤也久矣。独尚友千载,开卷则亲见古人,有以得其用心,下笔则确乎自信,知古人之必不我远,可为乐耳。"

苦读,让他25岁便须发苍然。"语默动静,贞夫一也",是马一浮的境界。

1912年,蔡元培担任教育总长,他邀请马一浮担任教育部秘书长。没到3个月,马一浮就说"我不会做官,只会读书",辞职回了西湖。

1916年,蔡元培出任北京大学校长,再次邀请马一浮出山任北大文科学长。马一浮说,"古闻来学,未闻往教",婉言辞谢了老乡蔡元培的邀请。他把"化民成俗"的事留给了世人,自己以"穷理尽性"为命。

1917年,从广化寺搬出后,马一浮隐居杭州陋巷,布衣蔬食,与苏曼殊、李叔同、丰子恺等文人雅士交从,书画琴棋。

浙江大学校长竺可桢邀请他出马,他也谢绝了,理由是:浙江大学所在的宜山,"出郭少嘉树,四野唯荒菅",风景太差了。

也许这只是一个托词,他自行吾素,怕枉道徇人、曲学阿世。作为读书人,为人行事守持学理之正和信念之纯,不为势利所屈,不随顺时俗。

1938年3月,避战逃难到了湖南长沙的马一浮,写信给竺可桢,"予年衰力竭,一路逃难,苦不堪言"。竺可桢自然知道信中隐义,以帮助他运送万卷藏书为名,邀请他讲学,他遂顺着竺可桢之意答应出山。

马一浮先后在江西泰和与广西宜山为浙江大学学生讲授国学,后来讲稿分别辑为《泰和会语》和《宜山会语》,"使诸生于吾国固有之学术得一明了之认识,然后可以发扬天赋之知能,不受环境之陷溺,对自己完成人格,对国家社会乃可以担当大事"。

他说,国家生命所系,实系于文化,而文化根本则在思想。知识是"外铄"的,属于"闻见",只有化入本我的生命,才能形成思想。真正的读书人,是思想者。抗战中的中国和中国青年,需要竖起脊梁,养刚大之资,才能济蹇难。

马一浮辗转广西、四川,寻找他理想的读书地,他希望有一批后学能和他一样,抛开战乱纷扰,没有衣食之忧,在一个风景优美的地方专注于国学的主敬、穷理、博文、笃行。

1939年6月,辗转了大半个南中国的马一浮带着他的上万卷书,在四川乐山的乌尤山找到了佳境。

乌尤山下、麻濠河边,马一浮给自己修建了住所,"乌尤山下有小溪曰麻濠,书院借地就溪边构屋数椽,因得暂憩,以濠上草堂名之"。

"已识乾坤大,犹怜草木青",以守护真心为使命的马一浮爱上了麻濠这个小河沟,她外与岷江相连,当地人叫她"麻浩"。

马一浮称为"濠上",其实是"浩"之误。"濠上"一词,典出《庄子集释》,庄子与惠子游于濠梁之上,谈及水中之鱼是否知乐的话题,濠上便有了"自得其乐之地"的意思。

"濠上"给马一浮带来了乱世中的快乐。他花了差不多三个月的时间,在乌尤寺里建设了书院,给书院取名"复性书院",想通过书院讲学,以"六艺"统摄一切学术,恢复学术和人心的中正平和。

复性书院虽然接受了部分国民政府的经费,但不受教育系统的管理,马一浮要让书院成为自由研究学问的儒者的独立王国。

1939年9月15日,书院举行了开讲礼。马一浮领着60多人向孔子牌位焚香行礼,他以"主敬为涵养之要,穷理为致知之要,博文为立事之要,笃行为进德之要"为学规,印发了《复性书院开讲日示诸生》,他希望书院是传统古典式书院,培养纯粹的读书人,没有任何形式的制约和实际问题的期待。

他希望,读书人就是读书人。

马一浮担任复性书院的主讲,并邀请熊十力、钱穆等大家前往复性书院讲学。

复性书院讲学时期是马一浮学术活动最活跃的时期。他的主要学术著作都是在这一时期发表的,讲稿辑为《复性书院讲录卷一》,此后又有卷二、卷三等,共六卷,他的学术渐渐为人所知。

复性书院有宏大的远景,却有最惨淡的现实。在那个战火纷飞的年代,哪怕是青年学生,都抱有铁血疆场的雄心,心中难得有半张书桌。复性书院的学人稀少,也常因各种原因星散离场，在马一浮身边的只有几个忠心耿耿的学生，为他打点学院琐事。

无学可讲的马一浮，将全部心思放在了刻书上。他痛感连年战火带来的文化萧条，经籍散落，人心碌碌。没有人来书院读书，那就把书刻出来，保存与传播这些传统文化遗产，也是一种薪火相传。他每天早上从濠上草堂出发，爬过一段山路来到复性书院，监督刻工、杂役清扫斋舍和刻字印书，记录各种花费，安排各种生活琐碎。"寂默支床卧，逍遥曳杖行"，外人看来孤独而冷傲的马一浮，在枪炮之利、米粮之实外，一个人默默地承受着文化之重。

书院既刻马一浮自己的著作，又刻古代经典著作。马一浮计划刻印114家627卷古书，使后来有志于此学者，不至于无书可读。马一浮独自承担起了文化之重。

战乱时期，经费自然紧张，刻字印书耗费颇多，最艰难的时候，马一浮靠卖字换钱，维持刻书活动。

1943年，马一浮开始编刻自己的历年诗词之作。这些年来，他每年都要写作一百首以上古诗，前后写了700多首，最后编成《蠲戏斋诗前集》《避寇集》《蠲戏斋诗编年集》《芳杜词剩》等。他说，"后人有欲知我者，求之吾诗足矣"。

1945年的秋天，炮声停了。南归的一行大雁飞过麻濠，他听见老农说："鸣雁已来，又催人下麦矣！"马一浮开始给当局写信，请求给一条回家的船，他想回浙江了。

1946年3月31日，马一浮带着他一船的挚爱，离开了生活了整整八年的濠上草堂。"辞君一棹下渝州，未见江南已白头。二月春风吹锦水，岸花樯燕送行舟。"1946年5月20日，他回到了杭州,借西湖葛荫山庄为临时书院院舍,卖字刻书,艰难维持书院。国民政府币制改革失败,金圆券大跌,书院已无法维持。为"存先民之矩矱,贻后学之津梁",马一浮将书院改作智林图书馆,负责保管流通,纂辑丛书。

1950年,马一浮应弟子蒋国榜邀请,前往西湖苏堤南端的蒋庄居住。湖山之间,读书写字,这里临水为楼,轩窗洞豁,有天下难得的美景。

1957年,周恩来陪同苏联领导人伏罗希洛夫访问杭州,特意到蒋庄访问马一浮,并介绍说:"马一浮先生是我国著名学者,是我国唯一的理学家。"

伏罗希洛夫问马一浮:"您在研究什么?"

马一浮说:"读书。"

伏罗希洛夫又问:"现在做什么?"

马一浮回答说:"读书。"

马一浮曾说过,"致知是知此理,唯是自觉自证境界,如鱼饮水,冷暖自知。一切名言诠表,只是勉强描摹一个阶段,到得此理显现时,始名为知"。

在读书致知的信仰和境界里,马一浮就像一条水里游弋的鱼,冷暖自知,在一碧万顷、博大幽深的中华文化里,纳百川而成一统,成一代通儒,与梁漱溟、熊十力合称"现代三圣"。

最是人间留不住

未去海宁的王国维故居前,读过他的《人间词话》,经常在有关古典文学和文艺理论的书籍中看到他的名字,却从来没见过他的照片。

第一次告诉我境界之美的是《人间词话》。《人间词话》首篇便以"词以境界为最上",分出那些理想之"造境",写实之"写境",那些宏阔的动静兼备的"有我之境",那些优美的静中"无我之境"。正因为品了王先生的境界说,在词中,感受那些真境物中喜怒哀乐的真感情,体察那些微妙的词句之秀、风骨之秀、神韵之秀,知道词里有真趣味、真性情、真人格,当然也有浩浩汤汤的大势潮流、宇宙星空。

在我心中,无数次想象这位美学大家,应该如何如何英俊潇洒、风流倜傥。

可是到了海宁盐官镇,在王国维故居中看到王国维的照片时，我知道我所有的想象都错了，王国维实在不是一个美男子。

但，我依然相信美。

因为真正决定美的，是笔下文章、胸中江山。

相对于江南随处可见的高墙深院，王国维家的房子实在有点小巧，孤零零地坐落在田畦树林中，与一般的乡间别院并无二致。

王氏家族在海宁称得上是让人尊敬的大户人家。抗金名将王禀是他们的老祖宗，当年南征北战，平灭方腊，北伐大辽，金军大举南下的时候，王禀作为太原留守，对宋钦宗割地求和的做法深恶痛绝，带领太原军民修筑工事，坚壁清野，九次击败完颜宗翰的攻城，坚守太原8个多月。但无奈金军围点打援，太原城粮草断绝、军民伤亡惨重，王禀带人与冲进城中的金兵展开巷战，最后伤重不敌，与儿子王荀一起投汾河就义。

宋金太原之战，是华夏民族历史上的经典战役。王国维曾感叹先祖王禀："当宣靖之间斡离不（完颜宗望）以全胜之师长驱逼京师，势已无宋矣，然卒媾和以去者，以太原未下，粘罕（完颜宗翰）之军顿于坚城，不能会师城下故也。"

王氏家族正是靠这一忠肝义胆的悲壮历史赢得了后世荣耀。王禀的孙子王沆被家人带到了临安海宁。宋高宗南渡以后，追封王禀为安化郡王，王沆承袭郡王爵位，赐第盐官，世代繁盛。到了王国维这里，已经是第29代。

当然，王氏家族于我，在王国维，在《人间词话》。在这般小庭院中，选择一个有阳光的午后，细读《人间词话》的字字句句，你会一下子走进中国古典美学的意境深处，这个被称为"中国文化和文论的但丁"的人,对词的理解是那样透彻澄明。

细细品味,甚觉王国维这样的人,应该一辈子生活在可爱的文学风雅中。

不料,他还要可信。

在王国维故居的展览中,我才知道,他不仅仅是美学家,还是史学家、文学家、词学家、翻译理论家、考古学家、金石学家。他在史学研究中提出了"二重证据法"的研究方法,是中国现代历史学的第一个方法论范式,也是传统金石证史在近代的延续和发展。

作为金石学家,王国维在历史上首次利用地下出土的甲骨文、简牍、封泥等研究历史。他把甲骨文与现存的文献结合,以现代学术眼光丰富了金石学理论建设,论证了殷商的存在,把我国的信史向前推进了整整一个朝代,改写了中国古代历史,同时也论证了《史记》等古籍的可信度,为后人寻找夏代遗址提供了导向。他对汉长城走向、烽燧布局、屯戍制度等都进行了研究。

殷商研究、司马迁研究、历史地理研究、古代北方民族研究、辽金元研究、汉晋简牍研究、青铜器物研究、石经研究、碑刻研究、度量研究、敦煌研究……片片纸张,句句话语,尽是敦煌唐写本、虎符、唐尺、石经,等等,墨迹传递春秋,全是一代学者于乱世中的笃定与坚守。这样的宏阔绵长的学术风景,真想不到在那个枪炮交织、政坛暗斗的年代里出现过。甲骨学、简牍学、敦煌学,这些词汇于我是何等陌生,而在近百年前,它们是如何激荡过一代学者的胸怀,以至于他终日不语,低头不停地写写写。

更想不到的是,这样一个传统知识分子的学术人生,是从与传统科举考试决裂开始的。1898年正月,刚过完农历新年的王国维由父亲王乃誉亲自陪同,由水路赴沪,告别家门口的钱塘江潮。这个16岁的秀才,在两次考举都落第后,走上了一条探求新学的新潮流之路。

好在,上海有贵人相助,王国维遇见了他的伯乐,他的浙江老乡罗振玉。罗振玉比王国维大11岁,祖籍浙江上虞,15岁考中秀才,也在乡试中落第,遂放弃了科举考试,一方面继续自己的金石文史研究,另一方面创小学习日文的东文学社,倡导农学和新学,是中国近代农学的开拓者、中国近代考古学家,也是金石学家、敦煌学家、目录学家、校勘学家、古文字学家。他一生的著作多达189种,是王国维的三倍。无奈作为前清遗老、伪满洲国政权的帮扶,"汉奸"罪名掩盖了他的学术光芒。

王国维在东文学社学习日文,东文学社的老板罗振玉看到与自己命运完全一样的王国维,感觉到这个年轻的老乡有着非凡的才华,决定好好提携一下。

先是免了王国维的学费。王国维学习更带劲了,他在这里接触到了康德、叔本华等西方哲人的思想。叔本华的生命哲学成为影响王国维学术思想和人生观念的最重要的来源。

接着安排工作。罗振玉让王国维担任东文学社的庶务,每月给30块大洋薪水,王国维足以养家糊口。

1901年2月,罗振玉干脆资助王国维留学日本。可惜病痛袭身,王国维在日本待了一年就只好回国修养。

回国后的王国维担任过《教育世界》的编译工作,还在通州师范学堂和苏州学堂里任职,这些工作都是罗振玉介绍的。

1906年,罗振玉入京城,在学部任职,他又带着王国维进京谋职。在接连失去父亲、妻子、继母三位亲人的黑暗日子里，罗振玉给了这位后学不尽的关照和宽慰。

1911年辛亥革命爆发，清朝四品大员罗振玉害怕被革命，更害怕自己穷尽毕生心血收藏的古籍、器物、字画等被充公，于是带着王国维流居日本。流落天涯的罗王两人朝夕相处，在古籍古器中寻找学术的乐趣。王国维在这四暑五寒的清净岁月中奠定了自己一生最重要的学术基础，他说："生活最为简单，而学问则变化滋甚。成书之多，为一生冠。"

1916年，王国维回国谋生。他觉得一家人都在日本靠着罗振玉，让罗振玉受累了。

1919年，罗振玉一家也回国了，干脆把三女儿罗孝纯嫁给了王国维的长子王潜明。这个前清大臣，又把王国维拉进了紫禁城，成了溥仪小朝廷中的南书房行走。这下倒好，王国维看了不少大内藏书。

反正王国维只是一介书生，鲁迅先生都说他"老实得像一根火腿"，他只做学问，话都不喜欢多说几句，更不喜欢过问政治。

时代激荡，溥仪的小朝廷溃灭。满腹经纶的王国维被胡适等人举荐，进入清华大学国学研究院。他与梁启超、陈寅恪、赵元任一道，书写了中国教育最浓墨重彩的一笔。

我想，清华园中，那个带着白棉布瓜皮小帽，穿着大袍，勒着条粗布腰带，晃着一条辫子的王国维，不是守旧，不是愚执，更不是忠君，而是坚守着某种文化品格，以传统姿态，站立出知识分子应该有的模样。

清华园中，他是孤独的，他的一生都孤独。他提出的"学问三境界""人生三境界"说，不管是"昨夜西风凋碧树，独上高楼，

● 海宁盐官镇王国维故居前的王国维雕像，由一整块花岗岩雕凿而成，作者为海宁籍雕刻家陆乐。

望断天涯路",还是"衣带渐宽终不悔,为伊消得人憔悴",抑或是"众里寻他千百度,蓦然回首,那人却在灯火阑珊处",哪一处不渗出最浓的孤独?

那是1927年6月2日,他从清华园坐人力车来到颐和园。走到半路上,他突然想到,前一天写好的扇面,要送的人是学生谢国桢,不该称"兄"呀,于是他又折回清华园,把扇面上的"兄"改为"弟"字,再回到颐和园,从容跳下了昆明湖。

王国维短暂的50年人世光阴,写下了62本著述,批校的古籍超过200本。可以想见,旧学城垒之上,他把多少晨暮、静夜都交付给了学问,学问于王国维的人生,是圆满。

"五十之年,只欠一死。经此世变,义无再辱。"变是什么?辱是什么?无人能有确切的答案,连昆明湖那一跳,都成为中国文化史的世纪之谜。

在故居前,我反复默念王国维那首《蝶恋花·阅尽天涯离别苦》词:"阅尽天涯离别苦,不道归来,零落花如许。花底相看无一语,绿窗春与天俱暮。待把相思灯下诉,一缕新欢,旧恨千千缕。最是人间留不住,朱颜辞镜花辞树。"

是啊,最是人间留不住。

王国维故居前200米,就是著名的钱塘江观潮处。世界潮流,浩浩汤汤,不管时代如何转型,新旧如何交替,中西如何冲突,信仰如何迷失,文化总是最恒久的亮光,照亮整个民族的精神生活。

怀念王国维,只需要这一条理由。

此生幸遇先生蔡

18岁之前,他一直生活在书圣王羲之的优美传说里。绍兴那条叫笔飞弄的弄堂里,王羲之所有的痕迹似乎都在,从一出生开始,就听男人们说书法,听女人们说轶事,高檐低瓦,邻居街坊总有说不完的王羲之。

循着这股遗风,他没有辜负祖先们光耀门楣的期望,17岁中秀才,22岁中举人,25岁中进士,一个清朝文人走到了学业理想的巅峰。

可惜大清朝气脉已尽,他脱下官袍,选择做那个时代的革命者。

形形色色的传统知识分子,生命裂变的方式各异,蔡元培将目光紧紧地盯向欧洲。

1907年,40岁的进士蔡元培远赴德国留学,第一年在柏林学德语,第二年进入莱比锡大学听讲。

几年时间,他一口气学了40多门课,直到1911年回国,当了中华民国临时政府的教育总长。

1912年9月,46岁的蔡元培愤然辞去教育总长职务,再次赴德国莱比锡大学,进行为期半年的欧洲史、艺术美学等课程的学习。几个月后的1913年9月,他第三次启程,从德国前往法国留学,从事研究、著述和文化交流活动。

按照这样的节奏,这位27岁就成为翰林院编修的前清进士应该成为学贯中西的大师。

1916年,他被一封急电催促回国,要他就任北大校长。

几番犹豫,他选择赴任。彼时的北大,乌烟瘴气,猎官、猎艳、猎财者众。一缸染酱,总得有人将它换成清水。

他宁愿自己的学术道路暗淡下去,也要实现中国高等教育由传统太学向现代大学的转向。

这种转向,始自他的个人之力。他要寻找那个时代的同行者。

1916年12月26日,接到黎元洪总统批发的北大校长任命书的当天,蔡元培就来到前门西河沿中西旅馆,他第一个寻找的,是正巧在北京出差、比他还小12岁的陈独秀,他要他做北大文科学长!

蔡元培每天坐在客房门口,等待好睡懒觉的陈独秀起床。这个新文化运动的领袖,《新青年》杂志的主编,虽然一直走在时代前沿,以进化论和个性自由解放作为新文化运动的旗帜,也曾多次留学日本,但他连个本科文凭都没有。

蔡元培要的不是文凭,要的是那个时代的新风气、新元气。

蔡元培不惜为陈独秀伪造"日本东京大学毕业,安徽公学教务长、安徽高等学校校长"等学历和职务。蔡元培发出了校长室第一号通知,任命陈独秀为北大文科学长。

陈独秀自己都没那份底气,"我从来没有在大学教过书,又没有什么学位头衔,能否胜任,不得而知,我试干三个月,如胜任即继续干下去,如不胜任即返沪。"

可是很快,《新青年》被迁往北京。新文化运动发端于上海,北大却成为新文化运动的中心,五四运动的策源地。

1912年更名的国立北京大学,终于成为新北大。

陈独秀首先引荐来了26岁的留美博士胡适。

可是胡适一进来就和蔡元培对着干。1917年,蔡元培出版《〈石头记〉索隐》,提出《红楼梦》是清康熙朝的政治小说,胡适认为蔡元培的说法简直是"无稽之谈",是"猜笨谜"。

他想找到那本能考证曹氏家世和曹雪芹生平的《四松堂集》,可是怎么也找不到这本书。蔡元培知道后,到处托人打听,终于从晚晴簃诗社找来了《四松堂集》的刻本,亲自送给胡适。正是靠着这本书,1921年,胡适写了有被誉为"'新红学'开山之作"的《红楼梦考证》,批驳蔡元培的《〈石头记〉索隐》是"附会的红学"。

之后,他们一老一少还不停地写文章商榷来商榷去,这就是"红学"史上著名的"蔡胡之争",成为北大历史上一段以歧为贵、相争以雅的学术往事。

胡适与北大保持了30年的缘分。他三进北大工作,和蔡元培、陈独秀一样,为北大延揽了不少人才,1946年第三次进北大是接任北大校长。他说如果没有蔡元培的提携,自己"一生也可能就在二三流报刊编辑的生涯中度过"。

1948年12月14日,北大校庆日前夕,胡适写完《北京大学

五十周年》的文章,就被南京来的飞机接走了,他最后留下一张便笺:

"我虽在远,绝不忘掉北大。"

北大"三只兔子"(蔡、陈、胡均属兔)的故事,是中国高等教育史上的一段佳话。

同样是1917年,蔡元培向26岁、只有初中文凭的刘半农寄出了北京大学的聘书。彼时,刘半农正租住在上海一个小弄堂,以卖文为生。胡适发表了《文学改良刍议》后,刘半农写了《我之文学改良观》,是新文化运动的重要推手。

1918年,刘半农发明了"她"字,女性不再被称为"伊"。两年后,刘半农赴欧洲留学,1925年博士毕业回到北大,成为中国语音学的开山鼻祖。

蔡元培最大胆的用人当是对"卖春博士"张竞生的聘用。这个1888年出生的民国第一批留洋博士,把性当作学问来研究,被称为旧上海"三大文妖",之后,他写了一本在民国语境下骇人听闻的《性史》。蔡元培让他来北大教哲学。张竞生成为20世纪二三十年代思想文化界的风云人物,是中国风俗学的奠基人,也是最早提出计划生育的学者。

当然,还有24岁的德语教授朱家骅,也是蔡元培当时聘用的最年轻的教授。朱家骅后来成为中国近代地质学奠基人,纵横民国的政治家。

林语堂评论说:"论著作,北大很多教授比他(指蔡元培)多,论启发中国新文化的功劳,他比任何人大。"

蔡元培的伟大之处,在于向前看,也向后看。

1917年,23岁的北京顺天中学毕业生梁漱溟报考北大落榜,他把自己写的论文《究元决疑论》寄给了蔡元培,希望能有机会到北大读书。蔡元培看了这位落榜生的论文,约他见面,说你的才华可以到北大当老师啊,遂力邀他去北大教授印度哲学。

蔡元培说,"我不反对孔子,在北大讲什么都欢迎"。

梁漱溟说,"我不只讲佛学,讲儒学,我还要为释迦牟尼,为孔子讲个明白"。他怕自己的课讲不好,第一次上课的时候,就说"各位北大学子,对我觉得不满,请找蔡校长"。

梁漱溟规定,听他课的学生,必须交一块钱,以保证听课效果。七年后梁漱溟从北大离职,到山东开展乡村改造计划。在抗战炮火中,他说过一句很狂的话:"我肯定死不了,如果我死了,中国怎么办?"

这是大儒的风范。

那时候的北大,"疯子"横行。比较著名的,一个是民国著名的"黄疯子"黄侃,学问深得其师章太炎三昧,有"章黄之学"的美誉,有过"不满五十不著书"的言论,学术思想极为严谨,慎于下笔,述而不作,却是个"下雨不来、降雪不来、刮风不来"的"三不来"教授,作为守旧派,对胡适等新派教授和白话文极尽热嘲冷讽的调侃,称胡适应该改名"往哪里去"才对。他常常借传授知识"勒索"学生请客埋单:"这里有个秘密,专靠北大这几百块大洋的薪水,我还不能讲,你们要我讲,得另外请我吃饭。"

这个"不媚俗、不媚奴、不阿贵、不阿众、是所是、非所非、爱所爱、憎所憎"的典型中国文人,蔡元培忍了。不过到了1919年,黄侃却愤然辞职,负气南下,"孤响难彰,独弦不韵",这是他对阵新文化人,尖刻、狂傲不饶人的必然结果。"八部书外皆狗屁",可那个最坏也最好的时代,八部书哪能为凌乱的社会和浮躁的人心提供全部的价值范例?

另一个是与"黄疯子"亦师亦友的"刘疯子"刘师培。1917年初,陈独秀前往天津的一个破庙,看望因拥袁称帝失败而避居此地的刘师培,并向蔡元培举荐了他。刘师培有太多不堪的过往:1907年背叛革命,投靠端方充当清廷内奸,出卖革命,之后投靠阎锡山,拥戴袁世凯,所作所为都与革命、与新文化运动相去甚远。但蔡元培需要的是一个身为经学大师的刘师培,就这样,33岁的刘师培走进了北大,在这里度过了他人生的最后三年。但这三年,对中国文学史而言,是极为珍贵的三年,刘师培"中国文学""文学史"课程的讲授以及《中国中古文学史讲义》的出版,为后世文学史教学与研究提供了典范。

蔡元培的文化性格是包容的,他理解一国文化需要前进,也需要持成。他习惯了去容忍那些跟他唱反调的人,比如"狂儒"辜鸿铭。

在民国北大的风景里,拖着"清朝最后一根辫子"的辜鸿铭算得上是一道奇观,"你们笑我,无非是因为我的辫子,我的辫子是有形的,可以剪掉,然而诸位同学脑袋里的'辫子',就不是那么好剪的了"。他认为,这根辫子是"老大中华的末了的一个代表"。辜鸿铭1915年进入北大,比蔡元培早一年。

1917年,蔡元培继续聘请辜鸿铭为英文系教授,"我请辜鸿铭,因为他是一位学者、智者和贤者,绝不是一个物议飞腾的怪物,更不是政治上极端保守的顽固派。"

激扬亢进的北大,就有了一个反对女生上英语课的英文教授,有了一个用英文念《千字文》的大学者,他说,"中国只有两

▲ 绍兴市区萧山街笔飞弄13号的蔡元培故居,参观者络绎不绝,思想和人性的光辉可以穿越时空,烛照遥远的未来

个好人,一个是蔡元培先生,一个是我。因为蔡先生点了翰林之后不肯做官就去革命,到现在还是革命;我呢?自从跟张文襄做了前清的官员以后,到现在还是保皇。"

蔡元培持身方正,1918年亲自发起成立了"进德会",主张"不嫖、不赌、不娶妾"。对于"不娶妾","辫子教授"辜鸿铭公然反对,"一个茶壶可以配好几个茶杯",他甚至还以女人的小脚为美。这个生在南洋、学在西洋、婚在东洋(有一个日本小妾)、仕在北洋的"海归",潜心经史子集,狂热地为中国传统文化和中国精神张目。

蔡元培说,任他说,只要别谈复辟。

君子和而不同,躬自厚而薄责于人。一批批大师由此诞生,中国文化由旧向新有了纽带。北大也成为新北大,"夫大学者,囊括大典,网罗众家之学府也"。

除了讲台上的大师,还有讲台下一帮帮蹭课的旁听生们。蔡元培实行课堂、澡堂、食堂、运动场、图书馆五开放制度,谁都能进去,价格无差别,全国进步青年都纷纷来到这个思想启蒙地听课,这中间出了一批深刻影响中国社会进程和文化进程的人物,包括瞿秋白、沈从文、冯雪峰、丁玲、季羡林,等等。其中最出名的,当属毛泽东。

关于蔡元培,还有一件不得不提的事情,那就是对绍兴老乡鲁迅的帮助。从1912年开始,鲁迅能在教育部担任14年佥事,1927年开始,鲁迅能在大学院当4年只拿薪水不坐班的特约撰述员,都是蔡元培的安排。特约撰述员4年,49个月工资共计14700块大洋,折合黄金490两,那是什么概念?

正是在那样的乱世中,有这些薪资丰厚的职位保障,不善人情交际的鲁迅才有那么多的闲工夫撰文写作,成为"民族魂"。

胡适的老师、著名哲学家、教育学家杜威说,还没有一个校长,能对一个国家和民族产生如此巨大而深远的影响。

"一经回忆,不胜惭悚",蔡元培用八个字追忆自己的北大往事,谦和而小心。

他留给北大那八个人人皆知的字,却烛照了整个民族张扬、勇敢的前行。

1940年初,蔡元培在香港去世,没有片瓦寸土,一贫如洗。

世上苍生架上书

1918年3月18日，南怀瑾出生在温州市乐清县的一个小乡村，父亲南仰周做绸缎生意。民国二十年（1931），13岁的南怀瑾读完小学，因为考试成绩倒数第一，他只拿到了肄业证书。

他没有听从父亲学门手艺的劝告，背着行李来到杭州，投奔浙江国术馆。小小个头，两年下来却学得一生好武功。毕业那年正好是1937年抗战爆发，他揣着一张武术教官的资格证书只身入川，报考中央军校政治研究班第十期，毕业后进入中央军校军官教育队执教。这期间南怀瑾还担任过大小凉山垦殖公司总经理兼地方自卫团总指挥，从事屯垦戍边工作。"挥戈跃马岂为名，尘土事功误此生。何似青山供笑傲，漫将冷眼看纵横"，他的《务边杂拾》诗里，尽见一位戍边将士的孤傲背影。

按照这样的操作套路,他应该是戎马一生。

在成都的时候,他结识一位患难之交的钱吉先生,钱吉赠诗曰:

侠骨柔情天付予, 临风玉树立中衢。
知君两件关心事, 世上苍生架上书。

南怀瑾一生的人生轨迹和理想都没有逃离这首诗的方向,那就是世上苍生架上书。1942 年,南怀瑾归隐灌县青城山中的灵岩寺,从此放下武功,开始以文治身,以文治世。他结识了四川宗门大德的袁焕仙。袁焕仙成立维摩精舍宏扬佛法,南怀瑾叩拜门墙,成为维摩精舍开山首座弟子,潜心修道参禅,走上了佛学之路。

1943 年初春,南怀瑾来到峨眉山大坪寺,开始了三年的闭关生活。学佛就要把所有的《大藏经》看完,在那时,只有峨眉山有《大藏经》。

他开始对架上之书产生浓厚的兴趣。

1946 年,出关后的南怀瑾前往西藏。他寻找藏地密宗的喇嘛去印证自己体悟出来的心法,天天到上师面前磕几十个头,天天供餐,上师始终不理他,几个月后,总算答应了。他就是这样以修行的姿态到处寻师,不断汲取各家知识,丰富自己对儒、释、道的见解。

1947 年,南怀瑾回家省亲,这是他离开家乡后第二次回家,也是人生最后一次归家。

1949 年春天,南怀瑾来到台湾,和朋友在基隆办了一个公司,取名"义利行"。义利行拥有三艘机帆船,经营业务是舟山、基隆等地的贸易。1950年5月,13万国民党部队撤离舟山岛,舟山港内的机帆船悉数被征用,南怀瑾遭遇破产,贫穷潦倒。

他尝试写书《禅海蠡测》,传播佛学信仰与传统文化。或许因为自身的境遇和甫定台湾的时代众生相,他开始关注苍生,卜卦堪舆。几年后,潜心研究养生打坐法门的台北航运业大佬杨管北,开始对南怀瑾执弟子礼。杨管北可是当年上海滩上杜月笙的得力干将。南怀瑾逐渐成为那个年代退居二线的国民党大佬们的传法大师,何应钦、顾祝同、蒋鼎文等纷纷跟他远赴香港闭关修炼。

南怀瑾开始与倡导台湾儒学复兴运动的台湾当局产生共振。1963年,南怀瑾收到"中国文化大学研究所"的教授聘书后感慨万千:"门外忽传走转车,聘书递送却愁余。自从长揖山林后,又向人间填表书。"从此,小学肄业的他开始以文化大师的身份建设天下苍生的精神生活,让普罗大众从学问中学到修身养性的道理。他曾经说过,学问或者圣贤,并不需要我们高推圣界,仰之弥高,而是真真切切地让我们在人生方方面面都能够不断得到帮助,这样就是学问或者圣贤发挥了好作用。

1966年11月,蒋介石主持发起规模宏大的"中华文化复兴运动",以中华文化存亡绝续为标榜,试图将三民主义思想体系树为中国文化道统传承者,对抗胡适等人的西方自由主义思想。一直身体力行倡导和传播东方传统文化的南怀瑾成为"中华文化复兴运动"的旗手,与钱穆、林语堂、牟宗三、唐君毅等人在台港两地往来阐述传统文化。

他说过,若民族文化亡掉,中华民族将万劫不复!

南怀瑾开始四处演讲,并在每周四开设一个特别讲堂,讲授《史记》《长短经》《战国策》和《阴符经》等,"二十余年旧道场,孤身冷庙喜清凉",到如今门庭若市,南怀瑾迎来了不少求教者的叩拜。

1976年底,他将传扬文史哲佛学说的文教机构交给学生打理,开始闭门修行。"忧患千千结,山河寸寸心。谋身与谋国,谁解此时情。忧患千千结,慈悲片片云。空王观自在,相对不眠人。"二十多年来的入世传法,正如他自己所言,"佛为心,道为骨,儒为表",大度看世界的同时,也想着从容过生活。他想要的生活,无非是禅心清净。

一封家书打乱了他的内心宁静。背井离乡的苦痛,始终在他的心头荡漾,还来不及好好修行,因为政治风波,他不得不匆匆卷起铺盖远走美国。"七十年来春梦尘,四恩未报客心惊。云山家国愁千节,未转金轮愧此身。"

他的心里始终装着那个愈离愈远的云山家国。

1988年,离别大陆近四十载的游子终于开始回航,南怀瑾第一站选择了香港。在香港,他接待了家乡温州来的客人,客人希望他回报桑梓,推动孙中山先生在《建国方略》中提及的金温铁路建设。早在1912年4月,孙中山乘船来到温州,看到这个富足之地还没有通火车,他觉得很遗憾。然而金温铁路七次动议,均未获得实质性推进。南怀瑾撰写了《对金温铁路的浅见》一文,建议"要修建金温铁路,最重要的是海外资金与地方政府合作设立一家铁路公司,拥有独立经营的自主权,打破原有铁路必须由政府或国营企业经营的陈规"。然而在彼时的时代环境中,中外合资修建铁路是新鲜事物,"我决定一定要修,不是为我,是为了要开启一个大例子,中国政府的公共建设可以和其他资方合作。我们不去打开这个关闭的大门,那么几十年都不会有人打开这个大门"。

十年后的1998年,南怀瑾多方筹措资金上亿美金建成的金温铁路通车。他还路于民,将中国首条中外合资铁路的股份转让给政府,转身离去。

这期间,南怀瑾对家乡温州的很多慈善事业都给予了一个游子的解囊相助。他曾经也坐在两岸密谈的席位中间,大陆释放的善意,正是通过香港的南怀瑾抵达台湾当局。

2004年,86岁高龄的南怀瑾终于回到大陆,他选择了太湖边上一块三百多亩的滩涂,一砖一瓦地修建了太湖大学堂。他说"修铁路只是皮毛,文化才是根本"。区区一条人间铁路不算什么,南怀瑾想修的是一条人道之路开始的地基。

"三千年读史,不外功名利禄;九万里悟道,终归诗酒田园",这是他的名言。太湖大学堂成了他近一个世纪流浪的最终的诗酒田园。他用通俗的语言阐述中国文化,说佛学像百货店,有钱有闲,可去逛逛,逛了买东西也可,根本不逛也可,但社会需要它;道家像药店,它包括了兵家、纵横家的思想,乃至天文、地理、医药,一个国家、民族生病,非去这个药店不可;儒家的孔孟思想是粮店,是天天要吃的,要深切了解中国文化历史的演变、将来怎么办,就要研究"四书"。

2012年6月21日,在太湖大学堂吴江太湖国际实验小学,95岁的南怀瑾为30位首届"南家班"毕业生举行盛大的毕业典礼。孩子们在这所全寄宿制的学校里学习武艺、静定、做饭、洗衣等生活课程,研习《论语》《孟子》《大学》《中庸》《百家姓》

《菜根谭》等课本。南怀瑾说，教育不是管理，而是影响，影响孩子去坚守人道人心的本位。他一辈子追求的传道事业，终于以现代学校的形式得以体制化地延续。

那年9月，南怀瑾知道医生已经无能为力，写下"平凡"两个字，像平时打坐一样溘然长逝。万物有理，大道至简，早在2004年，他在一次演讲中就说自己"一无是处，一无所长"，谦卑到了极点。他出版儒释道文化著作30多种，翻译成8种语言在全世界通行。于丹说南怀瑾从来没有站在一个全知视角上去做一个宏大叙事，或从学理角度说自己是多么权威，他说的所有东西都是个人心得，真诚地以个人的感悟去激活经典，完成一种个人心得的表达。

他未必都懂，但都思考过。政经文界的磅礴能量在他身上凝聚，他又把这种能量还给众生，这是南怀瑾的生命力和活跃度。

"功勋富贵原余事，济世利他重实行"，是他早年诫勉儿子的话，也是他留给世人的身后名。有人说，一个真正饱学之士，能深入阐述艰深晦涩的理论并不是最为厉害的，因为这个是他的专长，而能浅出传播让普罗大众都从学问中获得受益终身并能够切身躬行的道理，才更是功德无量。

南怀瑾的功德无量正是在这里，他说过，真正的修行是在社会中，在生活中。

这个世界我总要来

1912年深冬的一天,浙江两级师范学堂,18岁的刘质平异想天开,才学音乐课不到四个月,就守着钢琴做了一首曲子,但音乐课并没有作曲的要求。他忐忑不安地拿着曲谱去李叔同的宿舍,希望老师指点一二。老师半天不语,他搓着手诚惶诚恐地静候在一旁。

李叔同最后开腔了,要他晚上去音乐教室。有什么指教不能在这里直接说吗?晚上就晚上吧,有点摸不着头脑的刘质平退出了老师的宿舍,出门前还得到老师微微一鞠躬的相送。这位老师,精通六国文字,包括古印度梵文。

是夜,刘质平顶着风雪,按时出现在音乐教室门口,可是教室内漆黑一片。风雪这么大,老师会不会爽约呢?那不管,我得等下去。那时候,学生非常敬畏老师。

十几分钟过去了，刘质平满身披雪，已经冻成了雪人。教室里的灯突然亮起，一脸笑意的李叔同从教室出来，手里还拿着怀表，表扬他很守时，都冻成啥样了，赶紧回去吧，别感冒了。这是民国版"程门立雪"的故事。

就这样，每周一个小时的乐理、一个小时的钢琴一对一授课，成了这对师徒春夏秋冬的约定。课时费当然没有，这个名叫刘质平的穷学生，勤奋上进，学、杂、书、膳、宿等费用，学校全都给免了。

是年，延续两千多年的君主专制制度才被推翻，共和政体百废待兴，孙中山出任又辞去中华民国临时大总统，袁世凯在流氓、瘾君子们的拥立下当选中华民国第一届大总统，各种刺杀、兵变、戒严和镇压不断。国家乱哄哄的，只能给刘质平们提供免费的教育和免费的食宿。当然若你们的家里有苦难，也可帮忙解决一点，你们就安心读书吧。

需要说明的是，这规矩还是清朝时就定下了的。1909年，著名爱国民主人士沈钧儒任校长，当时叫"监督"。他办学有两个原则，一是财务完全公开，二是帮助解决学生的生活困难，甚至学生家中有困难，也可以帮助解决。不这样，学生能安心读书吗？除学杂食宿费用全免外，还免费发放校服、操服、皮鞋，入学门槛低到连寒门子弟上学都不会觉得为难。这规矩跨越了1911年著名的辛亥革命。

1915年，刘质平生病休学了，李叔同和他之间开始书信不断，"吾弟卧病多暇，可取古人修养格言读之，胸中必另有一番境界"，既有"人生多艰"的宽慰，又有"勉于苦中作乐"的鼓励。

师者,是一盏灯,照亮学生黑暗的路途。

李叔同给刘质平写信,起初用"吾弟",后来喜欢用"质平仁弟足下",出家后又用"质平居士文席"相称,二十多年数百封的书信往来,老师全然没有老师的架子,学生从来只有学生的本分。

勇气是前行者最大的动力。这个连伙食费都要靠学校免除的刘质平,在那个风雨飘摇的年代,不在国内找份工作求个温饱安稳,居然要东渡日本留学,穷得只剩下裤衩,也要出国留学,也要拥抱世界。1916年夏天从浙江两级师范学校毕业后,他就去了日本,其中当然少不了李叔同的鼓励。

在日本留学的刘质平,在接下来的一年多时间里一直惶恐苦闷,日本学生的嘲笑讽刺,学业上越学越多的爬不过的高峰。李叔同写信鼓励,"愈学愈难,是君之进步,何反以是为忧……但如君现在忧虑过度,自寻苦恼,或因是致疾,中途辍学,是真对不起鄙人矣。"李叔同的教鞭,真是长啊,漂洋过海打到东瀛去了!

1917年秋,刘质平终于如愿考上了东京音乐学校,专修音乐理论和钢琴。可是官费没有申请成功,他急火攻心,直想跳太平洋。李叔同知悉后马上写信告诉这个快要走投无路的学生,自己可以从每个月的薪金中拿出20元资助他,一直到毕业。20元是什么概念呢?李叔同的月薪是105元,他相当于把自己工资的五分之一资助给了刘质平,他写信再三嘱咐,"赠款事只有吾二人知,不可与第三人谈及",甚至对注意卫生等小事都再三强调,写进他"一二三四"的嘱托中,"一、宜重卫生,俾免中途辍学……"如此细微的关怀,无数次出现在他写给刘质平的信件中。曾经那个风流倜傥、才惊四座的翩翩公子，如今成了用心良苦、耳提面命的好老师。

1918年春，大彻大悟的李叔同皈依佛门，取法号弘一，人生从绚烂至极突然转向平淡。出家之时，李叔同已经给刘质平借到了近半年的生活费。对此，他早有打算，"余虽修道念切，然决不忍置君事于度外，此款倘可借到，余再入山。如不能借到，余仍就职至君毕业时止。"

一念放下，万般从容。向佛的慧根萌发，娇妻爱子都留不住他。一个女粉丝天天去寺庙求他还俗，他以一纸"还君一钵无情泪，恨不相逢未剃时"的半首诗打发走了。可是如果不能为刘质平借到生活费，他愿意还教半年书，可见弘一法师的内心多么的慈悲。

就这样，刘质平得以顺利完成学业，于1918年夏回国。

"纷，纷，纷，纷，纷，纷……唯落花委地无言兮，化作泥尘"，弘一法师《落花》里的句子，正是他自己的写照。

"这个世界，我总要来。"弘一法师说。离世之前他写下了"悲欣交集"四个字。欣，往生西方也；悲，与婆娑世界离别也。芸芸众生，没有几人不在这婆娑世界中生长挣扎，他说，"我到为植种，我行花未开，岂无佳色在，留待后人来"。没有哪首诗能够把老师的使命描述得如此贴切——我种植，并非为我能看到花开芬芳。

世界是一个回音谷，念念不忘必有回响。刘质平回国后，即与人一道创办了中国最早的私立师范学院——上海专科师范学校，投身音乐教育，成为中国现代著名的音乐教育家。而在弘一法师投身律宗后的艰苦岁月中，刘质平几乎花掉了他大部分的薪资,供养弘一法师修道弘法,并常常病榻问疾,随身侍奉,直到1942年大师归西。圆寂前,大师将大量书法作品赠予刘质平,让他卖了做养老和子女留学用的资金。

刘质平即便在抗战避祸中,舍下全部身家也未舍下弘一法师的一件墨宝,更未变卖一纸一字。"文革"中,刘质平在"认罪书"上写下"生命虽小,遗墨事大"等话,拼了身家性命也不让这批墨宝有半点闪失。最后,他将珍存的遗墨悉数上交给国家。

张爱玲说:"不要认为我是个高傲的人,我从来不是的,至少,在弘一法师寺院围墙的外面,我是如此的谦卑。"

谁不该谦卑呢,在这样一个谦卑的老师面前!

是才华横溢的艺术大家,是万般从容的得道高僧,更是世间最慈悲的老师。在《送别》清丽的歌声中,你一直在繁华和苍凉之外,保持着眼睛轻眯的微笑,那微笑能击穿所有的无常和悲苦。

永远记得那一次诀别的场景:西湖上,弘一法师和日本籍妻子各站在一只船上。

妻子:叔同……

弘一法师:请叫我弘一。

妻子:弘一法师,请告诉我什么是爱。

弘一法师:爱,就是慈悲。

一钩新月天如水

1924年春天,浙江省上虞市白马湖畔的一所普通私立中学春晖中学,聚集了夏丏尊、朱自清、朱光潜、丰子恺、刘薰宇、张孟闻、范寿康等一大批硕彦名师。

那天,朱自清来到丰子恺的住所小杨柳屋,他被北大、清华聘请去教书,这次是来与丰子恺告别。

"子恺,你的作品给我几幅好吗?我要报答你。这次去北京,我要把你的漫画公之于众。"

"要不得要不得,我的漫画还很不成熟,别让人笑话。"

"别谦虚了,这么好的画还不让人欣赏欣赏?"

"那好吧,我给你几幅,你带到北京去做纪念,千万别发表,给我出丑。"

丰子恺从墙上取下一幅漫画,送给朱自清。他只是送朋友一幅画作而已,决计没有什么名利企图。

1924年7月,朱自清将这幅漫画发表在文艺刊物《我们的七月》上,引起世人反响。这是丰子恺第一次公开发表画作,就是那幅著名的漫画《人散后,一钩新月天如水》。

丰子恺将艺术视为生活的情趣,而非功名。

1929年,弘一法师50岁。丰子恺按照老师弘一法师的要求,画了50幅以"戒杀护生"为题材的漫画,由弘一法师题写配文,取名《护生画集》出版,作为弘一法师50岁的寿辰献礼。

"护生者,护心也。去除残忍心,长养慈悲心,然后拿此心来待人处世。"弘一法师说,"以优美柔和之情调,令阅者生起凄凉悲悯之感想。"

十年后的1939年,正值抗战,丰子恺携全家逃难至广西宜山,凄惶中坚持作画60幅,取名《续护生画集》,作为向弘一法师60岁寿辰献礼。弘一法师收到画稿后题写诗文,并去信嘱咐他,"朽人70岁时,请仁者作《护生画集》第三集,共70幅。80岁时作第四集,共80幅。90岁时作第五集,共90幅。百岁时作第六集,共百幅。护生画功德于此圆满。"

丰子恺收到信后诚惶诚恐,"等你100岁的时候,我都82岁了,能如此长寿吗?"于是复信:"世寿所许,定当遵嘱。"

1942年,弘一法师于福建泉州圆寂。

1949春,丰子恺游闽南,正值法师七十寿诞。丰子恺闭门三个月,画成《护生画集》第三集70幅。此后,他担心人生无常,随时发现题材随时作画,并寄给新加坡的好友广洽法师,请广洽法师收藏并出版。1960年,第四集(80幅)出版。

无常的年代,丰子恺给承诺留足了时间。1965年,原本应该于 1969 年向弘一法师九十大寿献礼的《护生画集》第五集提前了四年出版。

1966 年，丰子恺因为 26 年前的一幅画遭受批判。这幅作于 1940 年名为《摧残文化》的漫画，内容是一黑一白两只猫在撕书，并将墨水洒落一地，意趣盎然。60 多岁的他每天都要被批斗、游街或者劳动，遭尽磨难和屈辱，还被下放农场劳动。最后因患上肺炎，这位 76 岁的古稀老人才被批准回家养病，他隐约担心自己不能活到 1979 年弘一法师一百岁的时候。

他在给广洽法师的信中写道，"弟去冬患肺病，曾住院数月……病中回忆往事，时多感慨。弘一法师曾约护生集六册，不知将来能否完成也。"

他每天凌晨四五点钟就起床，偷偷作画，"秉其刚毅之意志，真挚之情感，为报师恩，为践宿约，默默的篝火中宵，鸡鸣早起，孜孜不息选择题材"（广洽法师语），终于在 1973 年，提前完成了老师的嘱托，《护生画集》第六集（100 幅画）创作完成。

1975 年，饱受命运摧残的一代漫画大师与世长辞。

他没有想到，老师叮嘱的作画任务，无心插柳，竟是他漫画创作的巅峰之作，450 幅漫画，集绘画、诗文、书法、哲理与佛心于一炉，成为我国绘画史上的文化珍品。悲悯和仁爱渗透在《护生画集》的每一幅画、每一行文字中。从而立之年到皓首银发，丰子恺穷尽近半个世纪的光景，完成老师遗愿的故事，成为佳话。

"你若爱，生活哪里都可爱。你若恨，生活哪里都可恨。"丰子恺如是说。

"天上的神明与星辰，人间的艺术与儿童"，都是丰子恺的挚爱。很多年以后,我们翻看丰子恺的这些漫画,在寥寥数笔中,一个有情有趣的世界便赫然出现在我们面前。俞平伯说,"一片片的落英都含蓄着人间的情味。"郑振铎说:"没有一幅不使我生一种新鲜的趣味。我尝把它们放在一处展阅,竟能暂忘了现实的苦闷生活。"在这些以日常生活为题材,充满了朴素之美和温暖之爱的简单漫画背后,是一个朴素的漫画家充满了情趣、情感和单纯关系的世界,他视这些为信仰,并将朴素活成了他的生命姿态。

丰子恺曾说:"不乱于心,不困于情,不畏将来,不念过往。"日本有伊吕波歌,丰子恺意译为:"花虽香且艳,不久即纷飞。茫茫此世间,何人得久栖?扰攘红尘界,从今当隔离。勿作黄粱梦,亦勿任醉迷。"

不是世界选择了你,是你选择了这个世界。今天,我们不缺功名,而缺少朴素生活的从容与谦虚,缺少认真行事的踏实和单纯。

请在我的墓前挂一块黑板

1946年，一个27岁的青年来到了上海徐家汇附近的一条弄堂，敲开了他的浙江嘉兴老乡、数学家陈省身家的大门。

他六年前从上海交通大学数学系毕业，战乱中一直靠教书糊口，未能从事钟爱的数学研究。抗战胜利后，他在上海临时大学恢复了数学研究工作，却如无头苍蝇一般在数学研究中找不到方向，精神苦闷不堪。

他拿着自己写的东西给陈省身看，陈省身说，你的方向不对。这一句话让这个青年如梦初醒，他乘机提出了一个大胆的请求，希望能有机会到陈省身主持工作的中央研究院数学研究所工作。

不久，青年就被调去了数学研究所，却被安排了一个闲职，图书馆管理员，有大把清闲的时间读书。一年后,陈省身跟他说,"看前人的书就是欠了前人的债"。

很快,陈省身又安排青年去法国攻读博士学位,选择的地方不是首都巴黎,而是边境城市斯特伦斯堡。他告诫青年,就是要在清净的地方,才能专心致志做学问。

1951 年,青年学成归国。1957 年,37 岁的他与钱学森、华罗庚一起获得首届自然科学奖一等奖。2001 年,这位昔日的苦闷青年荣获首届国家最高科学技术奖,2006 年荣获邵逸夫数学奖。他在拓扑学、数学机械化领域做出了杰出贡献,他是著名数学家、中国科学院院士吴文俊。

1969 年,19 岁的丘成桐在香港中文大学数学系读大二,遇见了美国几何学家萨列弗博士。萨列弗博士将这个极有数学天赋的学生带到了加州大学伯克利分校,带到了陈省身面前。

才念完大三的本科生丘成桐成为陈省身的博士生。1971 年,丘成桐获博士学位。他说:"先生对我的影响和意义是无法用语言来述说的。"一直到陈省身 2004 年去世,师生之间有着长达 35 年的荫护与跟随,无话不谈的师生情谊,毫不逊色于数学之美。

早在 1970 年,陈省身写了一本《复流形》的小书。他在给 20 岁的丘成桐的赠书上题词"余生六十矣,薪传有人,愿共勉之",短短一行字,满满奖誉之情。

在美国工作期间,陈省身和夫人郑士宁经常在家宴请华裔学生,亲自下厨款待这些学生,丘成桐也是其中一位。2000 年,丘成桐闻知师母去世,写下挽联"惊闻师母仙逝,三十年赐宴伯城,使游子如归,而如今慈颜顿失,痛何如之"。

陈省身评价这位学生，"21 岁毕业时就注定要改变数学的面貌"。丘成桐确实没有被老师错看，他 29 岁时就攻克几何学上的难题"卡比拉猜想"，在 1982 年他 32 岁时就获得数学界的"诺贝尔奖"——菲尔兹奖，是首位获得该奖的华人。2010 年，他成为第二个荣获世界数学界最高奖沃尔夫奖的华人数学家。第一个荣获沃尔夫奖的华人数学家正是他的老师陈省身，那是 1983 年。

当然，作为当代世界最具影响力的数学家之一，丘成桐也是中国科学院外籍院士，他在清华大学设立了丘成桐数学科学中心。2004 年，恩师陈省身去世，他叹曰"呜呼，大厦倾矣"，他说先生走了，他留下的事我会尽力帮他做。

1978 年，我国决定向美国公派首批 50 位学者出国进修。在加州大学伯克利分校任教的陈省身分别致信纽约大学和普林斯顿大学最好的数学教授，推荐两个年轻的中国学者，他们是上海人张恭庆和浙江温州人姜伯驹。在美国，两个学者得到了陈省身的热情照顾和学问上的指导，如今张恭庆也成为数学家、中国科学院院士。张恭庆的外公是晚清大臣陈宝琛，他的姑妈是张爱玲。

姜伯驹也成为数学家、拓扑学家、院士。

"陈先生是天生的伯乐，他同一个人讲话，三言两语就能让人放松，只谈一小会儿就能对其做出判断。他的这种眼光，这份本事，是学也学不来的。"说这话的是陈省身 1988 年入学的博士生张伟平。张伟平于 2007 年当选为中国科学院院士。

陈省身，做学生的时候，一直在追寻数学大师；成为数学大师以后,一直在培养数学大师。

这个数学神童的故事,一直在他的故乡浙江嘉兴流传。因为害怕老师,小学才上了一天;中学连跳了两级,15岁就考上了南开大学,师从南开大学数学系创始人姜立夫。1931年,陈省身考上清华大学研究生,师从中国近代数学奠基人之一的孙光远。1934年,陈省身从清华大学毕业,成为我国第一个数学研究生,同年赴德国留学,师从著名数学家布拉施克,博士毕业后转而去了法国,师从几何学大师嘉当,研究微分几何。

有意思的是,1975年,著名物理学家杨振宁写了一首诗送给陈省身:"天衣岂无缝,匠心剪接成。浑然归一体,广邃妙绝伦。造化爱几何,四力纤维能。千古寸心事,欧高黎嘉陈。"他把陈省身排在了数学史上的欧几里得、高斯、黎曼和嘉当之后,第五个最伟大的数学家,紧随恩师嘉当之后。

抗战正苦的1937年,陈省身顶着炮火回到了祖国,进入国立西南联合大学教书,选择和学生在一起,一周上课多达18节。他26岁就当上了教授,扬扬得意,日子却是清苦的,曾经在同事吴有训家吃住了一个多月。

1943年,陈省身应邀去美国普林斯顿高等研究院工作,此后两年,他发表了划时代的论文《闭黎曼流形的高斯－博内公式的一个简单的内蕴证明》《Hermitian流形的示性类》,奠定了他在国际数学界的地位。抗战胜利后,他迫不及待想回到千疮百孔的祖国。战后交通拥挤,他等待了整整三个月才登上回国的轮船。1946年,陈省身回到国内,在上海见到了6年未见的妻子郑士宁和已经6岁却从未谋面的儿子,他发誓,这一辈子再也不和家人分开了。

1948年，南京中央研究院数学研究所成立，他担任代理所长。

1981年，美国国家数学科学研究所成立，他担任第一任所长。

1984年，陈省身回到祖国，受教育部之聘担任南开大学数学研究所所长。

身为"微分几何之父"，20世纪最伟大的数学科学家之一，陈省身一辈子仅当了三次所长，别无他职。最后一次当所长时他已经74岁，他说要为祖国培养更多的数学人才"鞠躬尽瘁，死而后已"。

每年他都在南开数学所举办学术年活动，以自己的私人名义邀请世界顶尖级数学科学家来南开讲学。为了能听懂大师的讲学内容，学生们往往要在上半年进行半年的培训，可见大师的学问是如何了得。正是这种将世界数学最新潮流不断引向中国的举措，让许许多多的数学学子如获至宝，加快了中国成为数学大国的步伐。2002年，有着100多年历史的世界数学家大会在北京举行。这是首次在发展中国家举办数学家大会，"陈省身猜想"实现了，中国成为数学大国。

在这次数学家大会上，来了一位名叫约翰·纳什的美国数学家，他单腿跪地，朝圣般向坐在轮椅上的陈省身屈膝受教。在老师面前，历经坎坷的他是何等虔诚。他终于再次见到了自己在普林斯顿大学攻读博士期间的老师。

约翰·纳什是博弈论创始人，22岁时以《非合作博弈》为题写下仅27页的博士论文，提出了一个重要概念，就是被称为"纳什均衡"的博弈理论。

当然，让约翰·纳什更广为人知的是那部名叫《美丽心灵》的电影。这部 2001 年上映的电影，捧回了包括最佳影片在内的四座奥斯卡小金人。影片讲述了主人公承受 30 年精神分裂的苦痛，天才般创造了数学奇迹，又如入炼狱般遭受凡世人间的种种不幸，但他依然如同天使一般保护着家人，享受着妻子不离不弃的纯洁爱情。影片抚慰了一代人的心灵世界，故事原型就是约翰·纳什，他在 1994 年荣获诺贝尔经济学奖。

那次数学家大会，聚集了来自全球的 4000 多名数学家。国际数学联盟（IMU）前主席芒福德教授，也单腿跪地，在陈省身的轮椅前，进行着两个世界大师间神一般的对话。

历史就是被这样一位老人往前推动着。征程永不中断，数学强国的梦想何时才能实现？这些问题的答案要问陈省身的学生了。因为有人说，中国的数学家，都与陈省身脱不了干系。他的学生们都说，我们属于"陈类"，那是美而永不消逝的数学。

为了纪念陈省身的卓越贡献，国际数学联盟特别设立了"陈省身奖（Chern Medal Award）"作为国际数学界最高级别的终身成就奖。这个奖项，成为了无数学子星空中闪耀的梦想。

为了感恩老师陈省身，一个叫乌米尼的美国学生，买彩票中了巨额奖金后，拿出一百万美金在伯克利设立了"陈省身讲座"。因为他第一次申请研究生资格没有成功，在陈省身的鼓励下，第二次申请终获成功，后来才知道是陈老师举荐了他。他说他喜欢上陈老师的课，一定要为恩师做点什么。

陈省身一直把自己当作一个孜孜以求、服务学生的数学老师。90 岁高龄时，他坚持给本科生上课，93 岁生日前攻破了困扰了数学界半个多世纪的难题"六维球面上的复结构问题"。

2003 年底,他亲自设计了一份名叫"数学之美"的挂历,自费 2 万元印制,每个月都标明历史上发生过哪些数学大事件,他想通过这种形式来向同学们普及数学之美。

他在南开大学的家——宁园,被称为"几何之家",家中常常聚集中国乃至世界顶尖的数学家,还有新锐的数学学子。家中客厅有一块黑板,可以随时演算,客厅没有软沙发,只有硬椅子。他说在软沙发里大家容易在无聊的问题上聊很久,硬椅子才适合谈工作。

他要求教学楼的走廊里都要安装黑板,方便老师和学生随时演算数学题。

2004 年,他去世了。去世前嘱托后人,死后就埋在南开,和夫人的骨灰葬在一起,一切从简,不立墓碑,墓前栽几棵小树,小树上挂一块黑板,以供后人演算数学。

开心阔达·诚意正心篇

时光静好,与君语;
细水流年,与君同;
繁花落尽,与君老。

我只款款，不盼情深

她在浙江诸暨苎萝山的若耶溪浣纱的时候，游水的鱼儿见了都羞得沉到水底。"浣纱弄碧水，自与清波闲"，那是一幅怎样的浪漫图景啊。

不幸的是，范蠡来了，带着越国国君勾践和大夫文种的一个惊天阴谋，遍访越国，勘察美女。她的婀娜，是天下第一。

她却把他当作了唯一，睿智而博学，俊朗而风流，她为他的款款而来，一往情深。

她没看走眼，这个"双目可慑三军气概，只手便遮日月无光"的楚国人，忠可为国，智可保身，商可致富，义可生道。如果生逢盛世，那就是一出才子佳人的好戏。

可惜的是在春秋乱世，沉鱼之容又如何，八斗之才又如何。

她没有想到，这样的相遇要面对一个巨大的格局，那就是吴越争霸。她的爱情，只是故事开头小小的点缀。那么多锦囊妙计，那么多进退舍离，勾践和他的政治集团却选择一双笑靥。一出美人计，把一个采薪者的女子推向两国博弈的前台。"遗美女以惑其心，而乱其谋"，几多狡黠。

相国范蠡将她带进了越国大越城的宫殿，带到了勾践的面前。和她一同进宫的还有同一个村的姑娘郑旦，也是天姿国色。

在吴国携妻带子为奴三年的勾践希望这两位美人长袖善舞，蒙住夫差的眼，以便他藏在后面天天卧于柴垛，舔舐苦胆，一餐只吃一个菜，一身衣服只用一个色的"卧薪尝胆"，这一招诡谲，且不厚道。

春秋争霸天下，本可不拘小节，但连同卧薪尝胆的那些招数，原本就不是那么正义凛然，缺那么点光明正大。

她只好以身许国，以高风亮节之姿在越国王宫，被饰以罗縠，教以容步，习于土城，临于都巷。三年学服后，琴棋书画、言行涵养兼修，能歌、能舞、能风情万种。

不知是哪年哪月的哪一天，又是哪一条船，载着她和郑旦过了钱塘，越过余杭，穿过嘉兴，到达姑苏，被献于吴王夫差。勾践盼望着这两个美女的低颦浅笑能够让夫差销魂蚀骨，从此不爱江山只爱美人。他要杀将过去，灭了吴国，以报那些涩涩屈辱。

她忍辱，她也负重，她明白自己去执行一个国家的阴谋，那不只是一时利害和奉献身体，而是千古骂名啊。但她终究义无反顾，也无从选择。她要把最芬芳的22年献给吴越争霸的宏大盛宴，为之舞，也为之泣。

越王花了三年时间将民间美人变成了宫廷贵妃。都说"越

● 诸暨苎萝山下若耶溪畔,浣纱的西施已经成为东方美学中不可或缺的图景

王大有堪羞处,只把西施赚得吴"。西施赚不得吴,越王只是把误国误邦的恶名留给了一个女子。

历史其实并不如此简单。吴王夫差也是个情欲兼备的凡夫,面对"莫不惊心动魄,谓之神人"的西施,他是真真儿地贪恋。筑成横亘五里的姑苏台,在姑苏台上给她建造春宵宫,修大池,还专门建了表演歌舞和欢宴的馆娃宫、灵馆,尤其是那"响屐廊",几百口大缸上铺满了木板,西施在上面翩翩起舞,响屐舞勾魂摄魄几千年。

李白都如此景仰,曾写《乌栖曲》描述那超越一般民间想象的帝宫景象:"姑苏台上乌栖时,吴王宫里醉西施。

我只款款,不盼情深

吴歌楚舞欢未毕,青山欲衔半边日。银箭金壶漏水多,起看秋月坠江波。东方渐高奈乐何!"

美女谁不爱啊,曾经朝朝浣纱女,而今夕夕吴宫妃。

只是家国兴亡自有时,哪是一个弱女子所能担当?我们高看了西施,也忽视了她的才与貌、性与情。她终究是那个沉鱼落雁的红颜,有卧底之名,未必行红颜之魅,也不是一瓢祸水。

看错了红颜,也看错了英雄。

吴王夫差本是虎狼之人,爱美人,更爱江山。他南败越,提兵北伐,尽锐出战,连败齐、鲁、卫,继与中原诸侯会盟黄池,他要的是"霸天下",哪是个留恋后宫的主儿?他没有荒废朝政,不过大意了勾践的韬光养晦,忽视了"国家敝以数战,士卒弗忍"的道理,极武而亡,让勾践捡了个后方兵力空虚的便宜,五千士兵就击中了吴国的要害。

公元前473年的那年冬天,越国军队大破姑苏城。夫差不要那流放甬东、百户人家供养的苟且,举剑自刎。他鲁莽且鲁莽,也是十足的英雄。

响屐舞的声音戛然而止。吴越本一地,区区二百里地的还乡路,西施没有车马船,连徒步都没有机会。她回不去那条浣纱溪了,多少年衣锦还乡的梦,唯有托付给鹧鸪飞。

所谓的霸王,竟然容不下一个美人。那个曾经被囚在吴宫中喂马、连夫差的粪便都愿意舔舐的越王勾践,认为她是"亡国尤物","浮西子于江,令随鸱夷以终",让西施沉江了。而更好的说法是,姑苏城破城之日,范蠡携着西施"五湖问道,扁舟归去",给美人留下了一个爱情的结局。

她的美丽人生,就缺一份爱情。

范蠡深知,胜利只属于越王一个人。"飞鸟尽,良弓藏;狡兔死,走狗烹",越王霸业既成,哪有谁与你共享天下?江湖是个比朝堂更加美妙的去处。这一点,同为谋略家的文种不知,落得被勾践赐死的下场。王者之道岂是尔等"养民德政"的思维所能理解?一个对自己狠的人,必然会对别人绝。勾践轻轻一句"子教寡人伐吴七术,寡人用其三而败吴,其四在子,子为我从先王试之",让他带着还没用完的"伐吴四术"去让先王用。先王在地底下呐!文种就这样伏剑自刎。先于文种自杀的还有勾践的夫人雅鱼,一个同样有着婀娜体态的越国女子,跟随勾践在吴国为奴三年,受尽屈辱。

那个"盈满而不过分,气盛而不骄傲,辛劳而不自夸"的聪明人范蠡溜了,他化名鸱夷子皮,开始了悲悯天下的经商之路。我们宁愿相信他带走了西施。

有时候,没有比传说更动人的故事。

后世诗人,一张轻嘴想怎么说就怎么说,"西施坏吴"似乎成为既定的历史逻辑,"素面已云妖""惆怅兴亡系绮罗""不自爱西施"……终究,有个叫罗隐的浙江老乡顶着千古逆流,愿意为西施说一句公道话:"家国兴亡自有时,吴人何苦怨西施。西施若解倾吴国,越国亡来又是谁?"还有那苏轼,"欲把西湖比西子,淡妆浓抹总相宜",一句诗就让西湖、西施的美永生永世地相伴不相忘。

一切的一切都是尘埃,越王的梦,吴王的骸,都留不下眷恋。唯有姑苏城的苍苔还在,浣纱溪的鱼儿还在。西施是春秋霸业中一枝盛开的荷花,出淤泥而不染,迷乱了千年的秀色江南,谁比谁更得天下?

一生回一次绍兴

天宝三年,即公元744年,正月初五早上,长安东门外的青门,一场饯行盛宴正在进行,当朝宰相李林甫、李适之等文武臣僚,李白等知名诗人,在皇太子的带领下,与一位86岁的老人举盏作揖,依依惜别。

老人家告老还乡,回越州去养老。前段时间,他向唐玄宗李隆基请辞,年纪实在太大,干不动了。"御制诗以赠行,皇太子以下咸就执别",应唐玄宗的要求,大家写下三十多首应制和诗,结成诗集。诗仙李白写的是《送贺宾客归越》:"镜湖流水漾清波,狂客归舟逸兴多。山阴道士如相见,应写黄庭换白鹅。"

李隆基亲自作序,并写下一首送别诗:

> 遗荣期入道，辞老竟抽簪。
> 岂不惜贤达，其如高尚心。
> 寰中得秘要，方外散幽襟。
> 独有青门饯，群僚怅别深。

意犹未尽，李隆基又写下第二首送别诗："筵开百壶饯，诏许二疏归。仙记题金箓，朝章拔羽衣。悄然承睿藻，行路满光辉。"

这是历史上绝无仅有的一次高规格饯行。从来没有这样一个人，从庙堂之高到江湖之远，兼能得到如此礼遇。这场按照传统礼制来说是被赋予莫大荣耀和文化价值的"青门饯行"，在文坛传颂千古。

公元 690 年，武则天称帝，成为中国历史上唯一一位被正史承认的女皇帝。她大力推行科举，扶持庶族，劝课农桑，积极调整社会结构。

五年后的 695 年，他高中状元，成为浙江历史上第一位有史料记载的状元。那时候的唐代正处于贵族世代向平民世代转移的过渡时期，每年通过科举进入仕途的人不过寥寥 30 人，所以有"五十少进士"之说。能在 36 岁高中状元，简直是祖坟冒烟，青春得志。

策马进京城，长安城在他脚下繁华一地，抬眼尽是恢宏气度。

他在朝廷里整整混迹了 50 年。这五十年，恰好是女皇武则天"治宏贞观，政启开元"到唐玄宗开元盛世这一段时间，封建王朝充满了雍容华贵的想象与憧憬、海纳百川的兼容与并蓄、瑰玮绚烂的诗情与道风。"稻米流脂粟米白,公私仓廪俱丰实",中国历史唯——次用"盛"来形容一个朝代。

可是盛朝也有另一副面孔。武朝时期,女皇为了维护从李唐王朝脱胎出来的武周王朝的统治,任由酷吏横行,贬黜频频,冤魂塞路。玄宗在位后期,沉湎粉黛,重用奸臣,荒淫无度。

他都安然无恙,一路青云直上。从八品上的四门助教一阶一阶地爬,66岁那年,他被任命为礼部侍郎和集贤殿学士,"一时两加荣命,足为学者光耀";80岁时擢升为正三品的太子宾客,银青光禄大夫兼正授秘书监,走到了仕途巅峰。

封建王朝里,历经四朝,没有意外,就是传奇。

那个风骨峥嵘的进士诗人陈子昂,41岁就被权臣武三思罗织罪名冤死牢狱;那个接到玄宗诏书进京,大呼"仰天大笑出门去,我辈岂是蓬蒿人"的李白终究没有实现"谋帝王术"的理想,起起落落,郁郁不得志;那个在唐玄宗面前就吟了一句"不才明主弃,多病故人疏"的孟浩然连半个官职都未落着就暮归南山、寂寂寻芳草……

他挥袖长安,与张若虚、张旭、包融等江浙名士并称"吴中四士",以清新婉丽的诗笔惊艳了那时的风景,以寥寥数篇诗章压倒全唐。

他纵贯儒道,仙风道骨,与司马承祯、陈子昂、卢藏用、宋之问、王适、毕构、李白、孟浩然、王维等,被后人称为"仙宗十友",成为盛唐气象的一个重要表意符号。

他被杜甫写进了《饮中八仙歌》,"知章骑马似乘船,眼花落井水底眠",醉酒掉进井里就在井底睡觉好了。他初遇自蜀至京师的布衣诗人李白,惊叹于李白的《蜀道难》,称赞李白是"谪仙人"，李白从此有了这千古美名。"金龟换酒处，却忆泪沾巾"，李白一生都没忘记这位拿金龟配饰换酒与自己杯盏酒兴，并推荐自己走进李家皇朝宫廷的伯乐。

他就像一场春天，所有人都默默地拿出剪刀，为他裁剪最完美的新叶。

> 碧玉妆成一树高，
> 万条垂下绿丝绦。
> 不知细叶谁裁出，
> 二月春风似剪刀。

那年秋天的越州永兴，来了一个垂垂老矣的老头儿，"昔我往矣，杨柳依依；今我来思，雨雪霏霏"，他是满怀一腔激动，却碰见了一脸陌生。村里的儿童都不认识他，笑问他从哪里来的，他用平实的诗句记录下这充满意趣却又无比酸涩的情景：

> 少小离家老大回，
> 乡音无改鬓毛衰。
> 儿童相见不相识，
> 笑问客从何处来。

那个自称"四明狂客"的老人贺知章，经历了盛唐，终于回到故乡。熟悉的一切都已经陌生，陌生的一切都是熟悉的，唯一不变的是春风吹皱的那一池镜湖水。"离别家乡岁月多，近来人事半消磨。惟有门前镜湖水，春风不改旧时波。"

这是他离家 50 载后第一次回越州,也是唯一一次回越州,没多久就老死故乡。他两手空空,连京城的房子都捐出来做了道观,他给家乡奉献了两首诗,让世人永生永世地传颂每一个远路人都会有的乡愁。

贺知章 36 岁离开绍兴,他 38 岁告别故乡。

1919 年冬天,他最后一次回绍兴。对那个时代的所有人来说,他就像一场冬天,凌厉过每个人的灵魂。

我们习惯了他对故乡的描述:故乡是如此悲凉。那冷风吹进的船舱,那萧索的荒村,那多年族居的老屋,那瓦楞上的枯草断茎……他变卖祖屋和一切物什,与绍兴做最后的告别。

他把全部的深切都留给了文学里的故乡,在他格式特别的小说里,有他表现的深刻,供世人跨越时空的神游。

在那里,虫豸一般被各色人等屈辱的"得意人"阿 Q,木刻一样脸庞的"活死人"祥林嫂,79 岁自称活够了的"不平家"九斤老太,站着喝酒而唯一穿长衫的"读书人"孔乙己,三十里方圆以内唯一的出色人和"学问家"赵七爷,为了养宝儿纺出的棉纱都寸寸有意思的"粗笨女人"单四嫂子,一群鸡都在笑他的十六次"落第文人"陈士成……咸亨酒店里歇脚的船夫、渔民、车夫、豆腐西施……没有谁的故乡,有如此多的人物,供后世的人们去品评一个东方民族的国民性问题。

"人生天地间,大约本来有时也未免要杀头的。"借阿 Q 之口说的一句话,他把国民性中的劣和社会制度的恶写得斑斑点点都是血。

没有谁的故乡,会成为一个伟大作家笔下作品的地理文化

🔶 绍兴：典型的江南水乡，虽无名山大川，却有稽山鉴水，人称"东方威尼斯"。以"鱼米之乡"著称，更以"人杰地灵""名人荟萃"而闻名。

背景和精神密码,由此成为近代整个民族的隐喻。他笔下的绍兴,还行走着一群梦醒了无路可走的人,有眼睛也失了精采、什么事都敷敷衍衍随随便便的吕纬甫,有自发反抗婚姻、悲剧尽管不可改变但终究淋漓尽致地反抗过的爱姑,有认为家庭应该被破坏的孤独者魏连殳……《伤逝》中的涓生说,"如果我能够,我要写下我的悔恨和悲哀",鲁迅何尝不想这样说,他的文章里处处冒着萧瑟的冷气。

北方固不是他的旧乡,在南方又只能算一个客子。他最后一次回绍兴,应该是这样的心态吧。1919年后,失乡的鲁迅再也没有家,只有客舍,直到1936年逝世。

与仕途顺利、恣意潇洒的诗人贺知章不同,鲁迅经历了近代乱世中国所有的大悲切、小悲戚,他将这种悲切与悲戚,都写进了小说和散文中,并由"为人生"的宗旨出发,超越一般文学的范畴和意义,走出了新文化的方向,他因此被称为"民族魂"。

最早的时候,他在质铺与药店之间的累年奔忙。因为人生最怕的少年父亡,他遇见了人性悲凉。

后来,他在日本带着点故乡所经历的苦难和社会阅历,他希望从哲学和文艺的书本中,找到人性和国民性。

再后来,我们读到了他的作品,那里面有辛苦辗转、辛苦麻木、辛苦恣睢的各色人物,有他横眉冷对一切的睥睨天下的姿态。最终,在我们每一个人的灵魂里,都有一个硬气而冷峻的鲁迅在挣扎,在发问,在作沉默的审问。

到现在,绍兴被时间披上了一层温情脉脉的柔软薄纱,一碗黄酒,一碟茴香豆,那一夜似的好罗汉豆,那一夜似的好社戏,那一夜似的弄潮好手双喜、阿发们,当然还有那受了夸就非常激动的六一公公。尤其是雪地里捕鸟、夏夜里守瓜的闰土，成为乡土文学中颇重要的意象。

谁的心里没有一处绍兴？他说过他有最美丽的故乡。

故乡于他，是一带景色的留念。少小时候，处处流连，在三味书屋，在百草园，在安桥头，在皇甫庄，在小皋步，在鲁镇、未庄、S城。绍兴烟火和野趣处尽是乌篷船，尽是桨橹声。

"老屋离我愈远了；故乡的山水也都渐渐远离了我，但我却并不感到怎样的留恋。我只觉得我四面有看不见的高墙，将我隔成孤身，使我非常气闷；那西瓜地上的银项圈的小英雄的影像，我本来十分清楚，现在却忽地模糊了，又使我非常的悲哀。"这样的描述出现在小说里，那是作家鲁迅，他把思乡的蛊惑，全部写进了故乡的人与事中。

"唯独在记忆上，还有旧来的意味留存。它们也许要哄骗我一生，使我时时反顾。"回忆起远哉遥遥的故乡蔬果，长居在北京八道湾里的鲁迅这样说。他是那个有着寻常味蕾的普通人。

微尘一般的迅哥儿、心肠宽厚的迅哥儿，把一个没有税、兵、匪、官、绅、饥的绍兴留在了中国文学史和中国文化史，留给我们对乡土的无限想象和依恋。

许多年以后，总有人会问，我们会不会活成阿Q的模样？正是冲着这样的疑问，我们一次次去江南深处那无处不酒家的水城绍兴，沽一回酒，要一碟茴香豆，醉一次风情的江南。

真是楼台烟雨中

　　不知是哪一年,大诗人杜牧写了一首诗:"千里莺啼绿映红,水村山郭酒旗风。南朝四百八十寺,多少楼台烟雨中。"

　　公元936年前后,五代时期的吴越王第四子、中吴节度使、广陵郡王钱元璙取诗中"烟雨"二字,给正在修建的"台筑鸳湖之畔,以馆宾客"的房子取名"烟雨楼"。

　　他想不到,就是一个普通宾客往来的烟雨楼,会在后来的一千多年里成为江南名楼,看尽繁华,阅尽沧桑。

　　它修在嘉兴南湖这片江南最美的风景里。

　　南湖,与杭州西湖、南京玄武湖号称"江南三大名湖"。那"轻烟拂渚,微风欲来"的迷人景色,让无数在细雨刚过、薄雾正轻的时候登楼的人心旷神怡，水乡的神韵都集在了这一块儿。

穿行在烟雨楼的亭台楼榭中，我的心中始终离不开那个江湖梦。烟雨楼一直是武侠大师金庸魂牵梦绕的地方，在《射雕英雄传》里，他让烟雨楼聚散了几多江湖恩怨、家国情仇。最难忘的应该是"东邪"大闹烟雨楼了吧。"我爱杀谁就杀谁"的"东邪"黄药师，锵锵而至的"西毒"欧阳锋，他们之间是侠情江湖；恩深义重的郭靖，精灵可爱的黄蓉，他们之间是郎情妾意；"江南六怪"的被杀之谜，"全真七子"的天罡北斗阵，冤冤相报；"北丐"洪七公如神一般的存在，完颜洪烈的悲怆壮烈……各种粉墨登场与谢幕，都不敌烟雨楼前的天长水远。

驻足烟雨楼，常会听人说起武侠世界里的这一桩公案。郭靖约架自己的岳丈黄药师，真下定了"相濡以沫，不如相忘江湖"的决心了吗？不知道郭靖向黄药师使出去的每一招里，有多少杀气，又有多少犹豫。

水大者为江湖，水小者为池沼，微风鼓动为波为澜。站在烟雨楼前，看那一波未平、一波已作的南湖，谁会相信自己手中的刀剑攻无不克啊，不如就此沉醉，忘了所以。

有一个人迷恋这烟雨楼，相信无坚不摧的事业雄心，他是乾隆。乾隆分别于1751年、1757年、1762年、1765年、1780年、1784年六下江南，八次登临烟雨楼。这位在位时间最长、寿命最长的皇帝，为何六下江南，历史各有说辞，今人更是难下论断。但他为烟雨楼留下了15首诗，却是不争的事实。这些诗，让烟雨楼扬名万里。1751年第一次登楼，他写下了"春云欲泮旋蒙蒙，百顷明湖一棹通。回望还迷堤柳绿，到来才辨榭梅红。不殊图画倪黄境，真是楼台烟雨中。欲倩李牟携铁笛，月明度

真是楼台烟雨中

曲水晶宫"的七律。6年后,他第二次来到烟雨楼,吟出了"杨柳矶边系画舟,六年清跸重来游。素称雨意复烟意,漫数处州还沔州。诗句全从画间得,云山常在镜中留。鸳湖依旧谁相识,懒惰无心问野鸥"的诗句。南湖与旁边的西南湖并称鸳鸯湖。六年,鸳鸯湖风景依旧,可是相识的旧人还相识吗?一代帝王,也有一个平凡人的情感世界。这一次登楼,他还写下了"不蓬莱岛即方壶,弱柳新荑清且都。烟态依稀如雨态,滮湖消息递西湖。自宜春夏秋冬景,何必渔樵耕牧图。应放晴光补畴昔,奇遐毕献兴真殊"的诗句,把烟雨楼直比蓬莱仙阁和方壶仙山,对南湖美景的眷爱跃然纸上,非同一般。

年过半百的乾隆皇帝第三次、第四次下江南,竟然都在日理万机和万千风景中,再登烟雨楼。对烟雨楼来说,他绝对称得上是头号粉丝。是君王不是诗人,乾隆的15首诗未见得有多高的艺术造诣,但能见他的真性情。

他很任性,承德避暑山庄建好后,他在青莲岛上仿造烟雨楼,还写下"最宜雨态烟容处,无碍天高地广文",足见他对嘉兴烟雨楼负有何等心思。

1784年,乾隆第六次南巡,一生最后一次登临烟雨楼,这一年他73岁,此后再也没有重游江南,于体力,于国力,都不再允许了。

好景常在,江山未必永固。乾隆经历了中国封建历史上最后一个盛世——康乾盛世,从此国力开始衰微。与此相反的是,整个世界加快了现代化的步伐,中国开始进入一个漫长的近代衰微期。"闻道南湖曲,芙蓉似锦张。如何一夜雨,空见水茫茫。"当年苏轼三过南湖,留下了这样的诗句。我在想,烟雨楼的烟雨，聚散总有期，而过客，哪怕身份再显赫，终究是过客。

细细算来，烟雨楼经历的苦痛并不少，它不是桃花源。与中国的任何一块土地一样，都要承受政治变迁和民族忧患带来的灾难。在1000多年中，它被战火毁了3次，分别是抗清战争、太平天国战争、北伐战争，抗日战争期间虽然未被毁灭，却被日寇强占做了华中铁道公司的食堂。当年斯文如此，如今成了外寇的食堂，不知道乾隆知道此事，会做如何感想。

好在还有星星之火，还有殷殷响雷。在烟雨楼上，有一副董必武题写的对联："烟雨楼台，革命萌生，此间曾著星星火；风云世界，逢春蛰起，到处皆闻殷殷雷。"对联说的是当年"中共一大"在这里胜利闭幕，烟雨楼前的南湖上停着中国乃至世界上最著名的一条船——红船。

那一年毛泽东28岁。28年后，新中国诞生。

江南有此楼，有此湖，装着很多历史的细节，有江湖之远，也有庙堂之高。

江南花开为谁谢

生在一个柔弱的王朝,她的岁月从未静好过。

先是北宋末朝的新旧党争,1102年,苏轼、司马光等人被打为"元祐奸党",或关押或谪贬,"以文章受知与苏轼"的父亲李格非也被罢官回原籍。李格非是"苏门后四学士"之一。不遗余力打压元祐党人的,竟然有自己的公公——"改革派"人物赵挺之,真是"炙手可热心可寒",她恣意形骸的京城生活就这样结束了。

作为元祐党人的亲属,她很快被赶出京城汴京,回到山东章丘,与丈夫赵明诚分居两地,她慨叹"莫道不销魂,帘卷西风,人比黄花瘦"。

1107年,新党内斗中,公公赵挺之又与昔日的党朋蔡京成为死对头,被免官职,5日后就病死了,赵家老小差点落得牢狱之灾。赵明诚最终闲居山东青州,这是她一生难得的易安岁月,粗茶淡饭,专意金石研究,"甘心老是乡"。她给自己取了个"易安居士"的雅号,正因世间不易安,所以她才那么在意。

可刚刚过去 10 年,1117 年,丈夫赵明诚迁任莱州,独她居留青州空房。等她 4 年后得以赴莱州与赵明诚相会,不料赵明诚已经风月犹加,身边豢养了侍妾,"惟有楼前流水,应念我,终日凝眸。凝眸处,从今又添,一段新愁"。

还好,她有诗歌词赋,她有满屋的金石收藏。

又是一个 10 年,1127 年,金人破宋,中国历史在这里出现了大震荡。

"清丽其词,端庄其品"的大词人李清照再也没有风花雪月的时光。1128 年,44 岁的她押运着 15 车书籍器物,独自从山东青州出发,避兵南方,一路是金军攻城略地的凶险,家愁已经变成国恨,"南渡衣冠思王导,北来消息少刘琨"。

她所经历的年代,正是北宋向南宋过渡的仓皇年代,一个万众写词的宋朝,柔软的笔头敌不过金国的矛头。

她苦痛参与的正是中华文明一次不同寻常的文化迁徙,史称"衣冠南渡"。中原士庶"衣冠南渡",是华夏民族的浩劫与梦魇,却也在不经意间改变了以中原为中心的华夏经济、文化双版图。李清照们那一车车的经史子集、古玩字画运往江南,蔚为壮观,让水乡江南迅速风雅起来。

这样的南迁,中国历史上发生过三次,都因中原战乱。

西晋王朝,位高权重的皇后贾南风干政弄权,引发皇族夺权,造成长达 16 年的"八王之乱",由此点燃了"五胡乱华"的导火索,南匈奴贵族刘渊大举南侵,洛阳倾覆,史称"永嘉之乱"。

琅琊王司马睿避乱渡江，在建康（今南京）建立新的王朝——东晋，大批缙绅、士大夫和庶民跟随南迁，来到江南。

中国历史的黄金时代盛唐，在公元755年戛然而止。李林甫嫉贤妒能，任由蕃人重握藩镇兵权，安禄山节领范阳、平卢、河东三镇18万大军，气势汹汹地围剿长安，逼走唐玄宗。八年安史之乱，带来了一个甚过五胡乱华的大分裂时代，五代十国政权更迭频仍、群雄纷争，南唐政权"息兵安民"，不堪战乱沧桑的北土士人大批南迁，栖身江南。

公元1127年，金军铁骑南下，一直打到东京（今开封），北宋王室被一锅端，琴棋书画样样精通的宋徽宗和儿子宋钦宗，以及其他32个儿子、22个女儿，加上宗室贵戚3000余人全部被掳到几千里外的苦寒之地——金朝上京会宁府（今黑龙江哈尔滨）。整个大宋王朝被掏空，凑不齐的赔款，全部用女人赔上，宋徽宗甚至把后宫嫔妃和公主们都献了出去，任金人残暴霸占和凌辱，靖康之耻，耻到唇寒。

金军漏掉了两个人。宫外当道姑的元祐皇后孟氏，她是宋徽宗的哥哥宋哲宗的废后，彼时，她已经被罢黜了20多年，青灯竹影了20多年。54岁的孟氏重新走进残破的皇宫，撑起了大宋的门面。她召回流亡在河北的康王赵构（宋徽宗第九子），让他在应天府登基。这两个让金军不小心从皇族名单上遗漏的人，匡复河山，开启了一个新王朝。

金军疯狂反扑追剿这两个漏网之鱼，孟氏与峨冠博带的宋高宗赵构一路南下，先建康（今南京），继而杭州、越州（今绍兴）、明州（今宁波），最后从定海（今舟山）坐船到了温州，人们笑称赵构是"海上天子"。

金军一路奔袭碾压,终究没追上喜欢坐船穿梭江河湖海的赵构,当然金国也消化不了整个中国,弯着腰的南宋就这样偏安江南。

李清照们一路南随,国家的不堪,全化作一代才女的别国离恨和颠沛流离,"忧患得失,何其多也"。

与此同时,另外一群数目庞大的人正逆着南渡人群北上,他们执戈挥戟,发誓要"过黄河、迎二圣"。其中有一个农家少年叫岳飞,他的背上刻了"精忠报国"四个字。

1129年3月,江宁御营发生叛乱,身为江宁知府的赵明诚顺着一根绳索从城墙上逃跑了。整个南宋王朝都像赵明诚一样苟且偷生。

她对丈夫的懦弱愤怒异常,写下了生平第一首豪放风格的诗歌,"生当作人杰,死亦为鬼雄。至今思项羽,不肯过江东。"

她只好跟着丈夫离开江宁。没几个月,丈夫染疟疾病逝在赴任湖州知府的路上,从此她孑身飘零,酒意诗情再也无人共,只剩下泪融残粉,一生心血收藏的15车文物也全部散失在凄惶的江南路上。

那一年,岳飞接到了命令,必须从开封撤回建康府。从此,建康成为抗金前线,金军睥睨长江,大有直捣临安之势。

1130年,她追随帝踪流徙到浙东、温州;岳飞在牛头山大败金兀术,收复重镇建康,取得南宋军队的第一次完胜。她填下《渔家傲》,一派豪气与解气,"闻天语,殷勤问我归何处。我报路长嗟日暮,学诗谩有惊人句。九万里风鹏正举。风休住,蓬舟吹取三山去!"

这词里有了家国情怀,有了胆魄骨气,纤纤玉手,字字千钧,整个南宋的笔墨都失色了。在尘世的孤冷中,在忧思忧患中,仍然有伟大女词人献给时代的美与抚慰。

1131年,从海上逃回的宋高宗到达越州,他取"绍奕世之宏休,兴百年之丕绪"之意,写了"绍祚中兴"的匾额,给越州改名为绍兴。

1132年,49岁的她到达杭州,图书文物散失殆尽。

1134年,年过半百的她避乱金华,经历了无数个漫漫长夜,从此获得些许安宁。可家国兴亡的痛、人物两非的苦,是她终身都卸不下的重负,"闻说双溪春尚好,也拟泛轻舟。只恐双溪舴艋舟,载不动、许多愁"。

她天真烂漫的少女心,她的"兴尽晚回舟",她的"浓睡不消残酒",都留在了遥远的北国,留在了她偶然兴起的回眸里。

这是李清照们的南渡。

也是这一年,31岁的岳飞开始壮怀激烈的第一次北伐,一举收复襄阳六郡,这是南宋第一次大面积收复失地,震惊朝野;1136年,他第二次北伐,收复商州、虢州等地,几乎打到了洛阳;同年第三次北伐,他迎击金兵,"壮志饥餐胡虏肉,笑谈渴饮匈奴血";1140年,他第四次北伐,连克郑州、洛阳等重镇,让金军遭受"未有之屡见挫衄"。那一年,在李清照的老家济南,一个小孩呱呱坠地,家人给他取名辛弃疾,他一生以恢复中原为志。

"八千里路云和月,三十功名尘与土",任经年的尘土沾满征衣,敌未灭,何以家为?一鞭直渡清河洛,踏破贺兰山阙,孤臣岳飞百战酣,好想把好山好水都还给赵宋王朝。

十二道金牌灭了一代英杰"收拾旧山河"的雄心。岳飞死后,宋金签订《绍兴和议》。李清照在失望之余写下了著名的讽刺诗篇《题八咏楼》:"千古风流八咏楼,江山留与后人愁。水通南国三千里,气压江城十四州。"

好在,岳飞们一次又一次地向北方冲刺,确保了以江南为核心的南宋政权的稳定,在珍馐佳肴、绮罗靡丽、赏心乐事、农商并重、百工竞巧、科技探究、百家争鸣、释道并崇、词戏繁荣中,华夏文明以璀璨之姿造极于赵宋之世。

这样的巅峰时代,最终成就了江南。玉骨冰肌未肯枯,多少的花开花谢,芬芳了江南。

南浔的心性

南浔镇上。

1817年,张颂贤出生。8年之后的1825年,刘镛出生。又8年之后的1833年,庞云鏳出生。

这时候,顾家的老六顾福昌已经37岁,他在镇上开了家"顾丰盛丝行"。早在道光初年,顾福昌就到了上海,开始和洋人打交道,学会说英文,做起了欧美洋商的翻译——"丝路通"。

在这之前,南浔小镇已经拥有7000多年的历史,其中较有名的一件事是清朝第一件文字狱案"庄氏史案"。当地富商庄允城和儿子庄廷鑨修订印刷《明史辑略》发卖,被人举报书中有大量悖逆清朝之词,事发后2000多人入狱,获死刑者70多人,其中14人被凌迟处死,庄家全族15岁以上者尽数处斩。这段历史,被金庸写进了《鹿鼎记》中。

1840 年的鸦片战争打开了中国的国门,也改变了南浔这个江南小镇的生存节奏。它有一段 33 公里长的频塘古道,属于京杭大运河的支流,西通湖州,东达上海,这里水质优良,桑叶繁茂,出产一种名叫"辑里丝"的蚕丝。家家门外桑阴绕,浔溪溪畔尽桑麻。

那时候的南浔,张颂贤的祖父还是个只会弹棉花的小手艺人,父亲张维岳后来在南浔镇上开了个买卖糕点、酱、盐的小店。其他人家也大抵如此。

1843 年 11 月,一个名叫巴富尔的英国人带着行李来到上海城,他把领馆收拾停当,宣布根据《南京条约》《五口通商章程》,上海开埠。很快,这里有了英租界、美租界、法租界。随着上海开埠,南浔成为重要的湖丝集散中心。

张颂贤、刘镛、庞云鏳和小镇绝大多数少年一样,开始在丝行里做学徒,学习蚕丝买卖的门道。他们的卑微人生紧紧地裹挟在时代大潮中。

1846 年,21 岁的刘镛拿出两百块大洋与人合开了一家名叫"刘恒顺"的丝行。而顾福昌早在上海四马路开设了"顾丰盛丝栈",经营出口业务,成为南浔丝商在上海发迹最早的大贾。

跟所有丝行一样,刘镛的生意也是小贾收买交大贾,大贾载入申江界,申江卖给洋商,没有大丝船的小商行老板们只能任由大贾打压收购价。小商人刘镛也想把生意直接做到上海去,便摇着他的小橹船去了,百十里地,花了两三天工夫。

想不到奇迹正等着他,上海辑里丝的价格是南浔收购价的三倍。

1851 年,产于南浔的辑里丝荣获伦敦首届世博会金奖,成为中国第一个获得世界大奖的民族品牌。

这期间,张颂贤、庞云鏳的丝行也慢慢发展起来。

乱世并不如人所愿。对外有第二次鸦片战争,100多万平方公里的国土被割让;对内有长达十数年的太平天国运动,这是历史上规模最大的农民革命,很多人都认为大清的气数尽了。

19世纪60年代,对南浔这四大家族来说,都有里程碑式的记忆,在清王朝重建秩序的过程中,他们纷纷抓住了时代赐予的机遇。

张颂贤收购了杭州盐商朱恒源抛售的10万元盐票。太平天国运动旋涡中的江南地区,私盐泛滥,产销两旺,盐法大坏,官府特许经营的盐商手中的盐票自然成了一张废纸。等到太平天国运动失败,浙江重整盐业秩序,张颂贤手中的10万盐票飞涨到了200多万,他的张恒源盐号一下成为全国最有名的盐商大号。借助盐业的垄断利润,张颂贤开始购买庄田,开设酱园、当铺、钱庄、通运公司、信托公司,南浔张家就此飞黄腾达。

1863年,刘镛在去严州经商的路上,看到满目疮痍的乱世图景,决定开始赈灾、施药、收孤、恤寡的慈善事业。后来,不论是河南、江西大水,还是江苏海门水灾,抑或是直隶大荒,刘镛都出钱赈灾,义推任恤,从来没有二话。

太平天国运动也搅动了新疆的乱局,当地的农民起义成为外国势力入侵新疆的导火索。清朝名臣左宗棠提出了"海塞并重兼营"的观点,西征新疆,红顶商人胡雪岩成为左宗棠主要的军械采办。胡雪岩则委派庞云鏳与洋商接洽军火交易,庞家由此聚敛巨大的财富。

▲ 小莲庄：位于浙江湖州市南浔镇西南万古桥西，为晚清南浔首富刘镛所筑的私家花园，始建于清光绪十一年（1885年），后经刘家祖孙三代40年的经营，由刘镛的长孙刘承干于1924年落成。因羡慕元末书画家赵孟頫所建莲花庄，而自名"小莲庄"。

1860年，顾福昌开始担任英商怡和洋行打包公司经理之职。两年后，美商旗昌轮船公司建造新码头，与顾福昌的金利源码头合并。顾福昌担任该公司大股东并出任买办，从而进军买办阶级，开启了顾家五代人与怡和洋行一个多世纪的合作。

1868年，顾福昌病逝，英美两国的领事馆都下半旗为顾福昌致哀。顾家老二顾敬斋继承了父亲的实业，顾家进入辉煌时期。

岁月嫣然，光阴流金，时间很快过去了二三十年，南浔四大家族的第三代人迅速崛起，成为那个时代的弄潮儿。

1885年，刘镛开始修建小莲庄。小莲庄的园林以荷花池为中心，依地形设山理水，一直到刘镛的孙子手上，小莲庄历时40多年，到1924年才最后修建完成。

4年后的1889年，张颂贤的孙子张石铭，开始在南浔修建懿德堂。懿德堂五落四进，有中式西式楼房共150间，江南传统建筑风格与法国文艺复兴时期欧式建筑相得益彰，处处是雕梁画栋的砖雕、木雕、石雕、玻璃雕，被称为"四绝"。懿德堂成为江南地区最大的宅院。

也是在这年，浙江发大水，湖州受灾最为严重。刘镛拿出数万银两，购买数万石米赈济灾民，他说："天地之道，蓄极必泄，吾不待其泄而先自泄也。"在上海青浦，刘家购进1000多亩义田，刘镛的儿子刘锦藻学习宋朝范仲淹，营建起了刘家义庄。给张石铭题写匾额"懿德堂"的晚清状元张謇说，"能以风义自树立于当时者"，在浙江只有三人，即杭州的胡光墉（胡雪岩）、宁波的叶澄衷和南浔的刘镛。

还是1889年，庞云鏳以25岁的庞莱臣的名义向朝廷献银十万两以赈豫、直两地灾害，慈禧太后特赏他为举人，补博士弟子，并例授为刑部江西司郎中，特赏四品京堂，庞家的面子由此撑开。

5年后的1894年，刘锦藻以二甲进士观政工部，成为刘氏家族第一个在科举上成功的后人。正值甲午战争之际，国家用度紧张，刘锦藻想乘机捐资求取高官厚禄，刘镛说："家门鼎盛，始愿不及此，吾方忧惧，汝犹未厌耶？祖泽虽厚，亦宜留有余以贻子孙,岂可自我享尽!吾但愿汝谦接物,谨慎持家,以永承祖德于不坠,不愿高官厚禄也。"刘镛一如既往地坚持着他有蓄有泄、有积有余的治家传统。

张石铭也在1894年取得功名上的进步,在乡试中考中举人。3年后的1897年,他的叔父张宝善花了10万两银子给20岁的儿子张静江捐了个候补道衔。这个充满豪侠气质的公子哥儿却想不到,自己很快会走上反清的道路。

半个世纪的叱咤风云,南浔镇已经聚集了体量庞大的雄厚资本。到了19世纪90年代,南浔富商家族根据财富多少,有了"四象、八牛、七十二墩狗"之说。浔商是江浙财团最重要的两大商帮之一,也是中国最大的丝商群体,"耕桑之富,甲于浙右"。其中的"四象"就是张、刘、庞、顾四大家族,他们的财富之和,加起来有7000万两之巨,而当时整个清朝中央政府一年的财税收入也不过7000万两白银,说浔商富可敌国没有半点夸张。

此时的南浔已经走到了传统封建社会的鼎盛时期,名利指数傲视天下。

一个世纪老去,时代正在发出裂变前的吱吱声,南浔四象的后辈们闻到了这种响动。20世纪开端,这个方圆不过百里,人口只有几千人的小镇,几乎影响了近代中国的走向,他们以一己之力,改变和影响着近代中国波澜起伏的政治潮流、经济潮流和文化格局。

1903年,张石铭与叔父分家,他没有参与祖业经营,而是热衷于收藏字画、金石、碑刻、书籍,与吴昌硕、毛福庵等文人名士交往。

张石铭逝世后,大儿子张芹伯继承了他的藏书;二子张乃骅早逝,其子张葱玉继承了家藏的书画;三子张叔驯继承了古钱和古玉方面的收藏。在一家三代人的努力下,大批藏书、字画和古钱币得以保全。张芹伯成为著名的藏书家,张叔驯是赫赫有名的中国古钱大王,张葱玉则是中国20世纪最伟大的书画鉴定大师之一。

中国现代泉币界以"南张北方"为巨擘,南张就是张叔驯。

分家之后,张石铭的堂弟张静江利用清政府外交参赞身份前往法国,他希望能够经商发洋财。世界的丝绸中心在法国,他想把辑里丝的商贸直接做到全世界。

1906年,一艘赴法海轮的甲板上,张静江邂逅了孙中山,他跟孙中山说:"余亦深信非革命不能救中国。近数年在法经商,获资数万,甚欲为君之助,君如有需,请随时电知。余当悉力以应。"他和孙中山约定,若有困难,以英文字母为代码,A为一万法郎,B为两万法郎,C为三万法郎,D为四万法郎,以此类推。

从此,张静江的账户成为孙中山革命事业的提款机。

张静江是一个商业奇才,毛泽东称他为"有经济眼光"的人,他在中国第一个创办证券交易所,第一个创办西湖博览会,第一个在法国开商行。可是他志在革命,志在孙中山的"实业救国"理想。

1907年,孙中山收到张静江寄来的云南、广州革命起义所需款项后,写信致谢并详述起义经过,张静江复书:"余深信君必能实行革命,故愿尽力助君成此大业。君我既成同志,彼此默契,实无报告事实之必要。"

辛亥革命前后,张静江仗义疏财,前后捐款110万两白银,被孙中山称为"革命圣人"。1927年南京国民政府成立后,蒋介石执意"剿共",与他"实业救国"的理想相去甚远,他以为被革命破坏的生产,应该重建起来,让国家变得富强。

这些在蒋介石看来却是不识时务。蒋介石忘记了,他能走向国民党政治舞台的核心,是张静江十数年的扶持,困顿落魄时给他资助,孤孽颠危时给他撑腰,被人追杀时给他保护,蒋介石有一寸多厚的借条,还留在南浔张家的老宅里。

张静江渐渐远离国民党的权力核心。在回到浙江担任了几年浙江省主席后,他慨叹人情多变,淡出政界,隐居于莫干山。

1932年"一·二八"事变爆发,上海沦陷。一天,张静江吃饭时,拿着筷子夹肉,突然,他连筷带肉都扔下,从此吃斋念佛。1938年,对家国犹怀深情的张静江由武汉经香港出国治病,再也没有回来。他用远离故土的孤残背影、平淡无奇的后半生,嘲笑了整个民国时代。

1899年,刘镛去世,儿子刘锦藻回南浔奔丧,从此开始兴办实业,并穷20年韶华,编撰长达400卷的浩浩古籍《皇朝续文献通考》,记叙了清朝典章制度的沿革。为了编撰需要,刘锦藻开始网罗典籍,收集了大量善本。

民国乱世中,不少藏书楼书籍流散,各地书商上门给刘锦藻的儿子、嘉业堂主人刘承平送来书籍。刘承平宅心仁厚,"凡书贾挟书往者,不愿令其失望,凡己所未备之书,不论新旧皆购之,几有海涵万象之势。其时风气,明清两朝诗文集,几乎无人问鼎,苟有得者,悉趋于刘氏,积之久,遂蔚成大观,非他藏书家所可及;至其所藏《明朝实录》《永乐大典》残本,则海内孤帙也"。

1920年，刘承平深知藏书不易，聚而旋散，于是在小莲庄的刘氏家庙旁拓土20亩，建造一座藏书楼。藏书楼历时4年才建成，取名"嘉业藏书楼"。嘉业藏书楼成为中国近代最著名的私家藏书楼之一，藏书楼藏有宋元明清各种古籍16万册，60万卷，其中不少海内孤本、珍本。

嘉业藏书楼外围有河道环绕，以"一衣带水"替代围墙，四周旷村泱莽。嘉业藏书楼就这样在一片桑丝的江南土地上筑起了一座文化高地。

那一年，解放军南下江南，周恩来特别指示陈毅，要派部队保护好藏书楼。

辛亥革命失败后，末代皇帝和王公贵胄从宫中携出大量书画文物，避出京门。接着北伐战争开始，"比年各直省故家名族因遭丧乱，避地来沪，往往出其所藏……余遂择其真而且精者，稍稍罗致，然披沙拣金，不过十之一二"。庞莱臣在书中这样自述。对"嗜画入骨"的庞莱臣来说，这是一个千载难逢的时代，每每遇见真迹，他都不惜重金求购，南北皆藏，"凡画法之精粗，设色之明暗，纸绢之新旧，题跋之真赝，时移代易，面目各自不同，必孜孜潜心考察，稍有疑窦，宁慎毋滥"。

心气极高的庞莱臣治了一方"虚斋"的印章，用以识别书画真伪。除了清宫旧藏，庞莱臣还建立了以"四王吴恽"为代表的正统画派的收藏体系，藏品多达数千件，构建起了冠绝天下的绘画王国。这些数目庞大的书画，显出中国古代绘画史的精妙轮廓。

庞莱臣是20世纪南方收藏大家中当仁不让的领袖，全世界最大的中国书画收藏家，而北方的领袖是"民国四公子"之一的张伯驹,世称"南庞北张"。

20世纪20年代,中国丝业渐渐衰败,浔商的传统产业开始走向衰败。顾家的第四代产业继承人顾乾麟始终不忘父亲顾叔蘋临终前的教诲,"得诸社会,还诸社会"。1939年,顾乾麟以父亲的名义创办"叔蘋奖学金",这是中国设置最早、历史最长的民间奖学金,80年来一共有一万多名学生接受过补助。

南浔这个宋、明、清三代出过41名进士的江南小镇,曾有"九里三阁老,十里两尚书"之谚,如今依然巍然存着青瓦白墙的"小莲庄"、张石铭旧居"懿德堂"、刘氏梯号、张静江故居、"百间楼"等五座恢宏的江南大院,以无与伦比的华丽背景和精神气息留给世人无穷的遐思。

游遍江南九十九,不如南浔走一走。南浔市河依旧流淌,难寻的是浔商们那份为国为民、不只为稻粱谋的心性。让我们哪怕穿越百年的光阴,依然心怀景仰地感知她,接受她。"世上几百年旧家无非积德,天下第一好事还是读书",张静江故居的抱柱上翁同龢写的这副对联,颇有几分清晰简单的寓意。

没有任何华章会零落成泥,如果有真,如果有善,如果有诗。

孤傲的孤山

1861年冬季的一天,丁申、丁丙兄弟俩在兵荒马乱中,带着一干工具,以修墓为名,潜入西湖孤山南麓的文澜阁废墟。

前不久,太平军的一把战火将文澜阁焚毁,藏书散佚颇多。

在兄弟俩面前的是散落一地的藏书碎页。他们赶紧动手收集幸存下来的书籍。

文澜阁是皇家藏书楼。乾隆皇帝为珍藏《四库全书》,在全国修建了七座藏书楼,杭州西湖孤山南麓的文澜阁是其中一座。

战争还在继续,丁家兄弟就不遗余力,四处搜集散落民间的文澜阁藏书,共得九千余册。太平天国运动失败后,他们把搜罗的藏书呈报献给了文澜阁。那些找不到的图书,丁家兄弟花钱雇人抄写,最终保全了文澜阁的《四库全书》，也是现存三部中的一部。

丁家兄弟还出资组织重建包括诂经精舍、紫阳书院、崇义书院、钱塘县学在内的各类学校，协助浙江布政使蒋果敏办理赈抚局，在疏浚西湖、重修岳庙等事务中出尽了力气。

他们的祖父叫丁国典。丁国典是个商人，没什么读书嗜好，但他相信子孙后代必有好学者，于是在杭州的梅束里修建了"八千卷楼"，搜罗藏书八千卷。果然到了儿子丁英这里，不光生意做得大，还嗜学，藏书更加丰富。

可惜一场太平天国运动，八千卷楼毁于战火。好在聚书已经成为丁家的家族精神。到了孙子丁申、丁丙手里，兄弟俩生意做得更大，还积二十年功力，藏书二十万卷，修建了"嘉惠堂八千卷楼""后八千卷楼""小八千卷楼"三座藏书楼，八千卷楼名列清末中国四大私人藏书楼之一。

丁申的儿子丁立诚在父辈们的肩膀上更上一层楼，科考中举，步入仕途。不过后来辞官回到杭州，全力辅佐叔叔经商、藏书，倾心诗书，精心收集"西泠八家"的刻印。

文化行为如同血脉清流，一代盛过一代。到了丁立诚的儿子丁辅之这一辈，丁家众多男丁都加入了柳亚子领导的著名诗社组织——南社。丁家由聚书开始，历经五代家学相传，终于成就了一代书香门第。

丁辅之尤其喜好印典，旁人眼中的"雕虫小技"，他却把它当作文化，当作学问，收购古印、拓制印谱。他以蒋果敏公祠为所，仿效王羲之兰亭雅集，频频举办印学雅集。这中间，就有三个因印结缘的好朋友王福庵、叶为铭、吴隐。

王福庵也是世家子弟，祖父王言是举人，父亲王同伯是光绪年间的进士,辞官后在钱塘担任过紫阳书院、诂经精舍等多家书院的山长、监院职务。他协助丁丙补抄文澜阁《四库全书》,担任重建后的文澜阁董事,在重建过程中出力颇多。自幼跟随父亲混迹于书院的王福庵,耳濡目染于训诂、辞章、金石、书画之学,考中秀才后任教于钱塘学堂,也常在不远处的人倚楼泼墨赏印,雅集欢愉,是有名的"印奴"。

叶为铭出生于盐商世家,世代诗书传家,可惜太平军进入杭州,家业尽毁。回到杭州后,嗜印好古的叶为铭以镌刻碑版、拓制印谱为业,与杭州城的诗书画印界的朋友往来憧憧。

吴隐年少家贫,十几岁时就从老家山阴来杭州学习镌刻碑版,与叶为铭同拜金石名家戴用伯门下学习古文、书法、绘画、碑刻,曾经作过"敢将岁月等闲过,断碣残碑一室罗。金石能为臣刻画,随他刀笔汉萧何"的诗句。26岁时,吴隐赴上海,经营印谱出版生意。

篆刻的钤红,原为衬托书法或者水墨画的黑白而专设,以印授信,标示真赝,而随着文人印的崛起和盛行,篆刻渐渐成为一门独立的艺术。到了清朝,以"西泠八家"为代表的浙派篆刻家,自浙派篆刻鼻祖——钱塘布衣丁敬起,纷纷崇尚秦汉玺印的古意,雄健苍古,经历百年锤炼,成为清代印坛文人印的主流。

到了晚清,浙派篆刻家遭受重创,印坛沉寂,印艺日渐衰微。

1904年春,杭州城细雨霏霏。25岁的丁辅之、24岁的王福庵、37岁的叶为铭和吴隐几个人相聚在孤山人倚楼,他们心怀印学兴衰的忧患,希望回归"印宗秦汉"的传统,决定结社,切磋印学,交流印谱和印藏,出版印谱和印学典籍。

就这样,原本穷苦搜取、独自行乐的私人藏印,走向了开放共享。

开放共享,是传统文人结社的目的,也是艺术行为升格为文化行为的第一步。

平均年龄不到 31 岁的年轻人,立刻向钱塘县、杭州府呈交了成立西泠印社的立案呈文:"伏以江山清丽,为胜迹所留遗,诗酒流连,故文人之结习。是以永和修禊,遂有兰亭;支遁联吟,爰开莲社……"

他们开始修契买地,兴建土木,植树凿道,修筑亭阁,这是一道中国特有的文人风景。他们并不是富可敌国的大财阀,土地是他们依靠自身有限的财力,一分一分扩充的;建筑,是一栋一栋垒筑的;园林,是一片一片慢慢添置的。每一片石,每一竿竹,每一泓泉,每一面碣,都有时间的韵味、艺术的雅趣,更有艰难时代创业者们的精神不朽:

1905 年,建仰贤亭。

1907 年,凿石圆桌并铭。

1908 年,扩小盘谷;得印泉。

1909 年,建石交亭,建山川雨露图书室,建斯文,建宝印山房。

1911 年,立 28 印人画像石,募建隐闲楼。

1912 年,建剔藓亭,建遁庵,建题襟馆。

1915 年,凿印藏,得石奕枰,建临湖石坊。

1916 年,建还朴精庐,建鉴亭。

1917 年,建观乐楼。

1918 年,辛酉题名刻石,得闲泉,建缶龛,造丁敬身像。

1919年,建三老石室。

1920年,建鹤庐,建阿弥陀经石幢,建入口半坡石坊。

1921年,建华严经塔,建凉亭,造邓石如像。

早在1908年,丁家道运不济,生意亏空,那个清末四大私人藏书楼之一的八千卷楼,其楼中的藏书不得不贱价变卖。

他们殚精竭虑筹建西泠印社,让方寸之中气象万千,"其资则为社员所筹集,其事则为国粹之保存"。1933年,民国政府测量,西泠印社宅地面积恰好是五亩六分七厘八毫,一个非常有趣的数字,也说明了创社艰难。

为了这方寸土地,即便乱世之中,他们亦坚持不灭那盏印灯,知其不可为而为之。1937年抗战全面爆发,他们委托叶秋生父子孙三代人看护西泠印社,将西泠印社的古物、匾额招牌埋在地下,把两面进山的道路用枯枝封住,制造出一片荒山野岭的模样,逃过日本人的洗劫。

世间太多的忙碌,无非名利,他们却不求闻达。西泠印社成立后,谁也不肯担任社长,"非邃于印学而德高望重者莫属",直到1913年,金石书画大师吴昌硕受邀担任社长。此前社长之职位空缺长达9年之久。

西泠印社就是这样孤傲,创始者们以自己的虚怀若谷,维护着这份孤傲。

2005年,第六任社长启功去世后,社长职位又整整空缺了6年,直到2011年12月,汉学大师饶宗颐出任第七任社长。

在110多年历史中,社长空缺长达60年。

如果没有合适的人选,西泠印社宁愿花费更多的岁月去等待那位能够胜任社长之职的人。他须是艺术大师、学术泰斗和

▲ 华严经塔,西泠印社建筑制高点,西泠印社的标志性建筑,建于1924年。塔身刻有佛教经文、佛像,佛理、石刻和书法相得益彰。

文化名人,他需要有世界级的精神感召力。

丁辅之等人的文化理想,就是要把西泠印社建设成为全国性的印学组织,成为具有博大文化胸襟和世界视野的"天下之社"。

所以从一开始,他们就只充当了建设者,而把擎旗人,留给了大师。

每年清明节、重阳节,西泠印社都会举办社员雅集活动。每十年举办一次社庆活动,招收新社员。

西泠印社成立后,他们制定了严苛的入社条件,100多年来,只有600多位篆刻家成为西泠印社的会员。入社条件中有一条,40岁以上的篆刻家才能入会,让篆刻艺术如同雕刻时光一样弥久恒香。

四个地方文人,生生把一个杭州城治印雅集的组织办成了历经百年,历经数次社会革命和战乱,都屹立不倒的"天下第一社",足见创始者们的心力、智力、担当和格局。

100多年过去了,西泠印社走在前列的那4位首创者——有名望的丁辅之、有篆刻艺术水准的王福庵、尽心维护西泠印社的叶为铭、有雄厚经济实力的吴隐,都一一逝去,但西泠印社始终保持"同人"社团性质,成为天下印人的圣地,它把曾经少数人痴迷、多数人鄙夷的篆刻引向了大文化层面。

"汇流穷源,无门户之派见,鉴今索古,开后启之先声。虽一艺之微,猗有已欤。"文采恣意的西湖,留下了零散的诗歌和书画,却把整个篆刻艺术和印学以文化的形式保存和流传下来。

乌镇的乡愁

木心,我一直没有用心地走近他。

在去乌镇之前,我只依稀记得有那么几句话,"从前的日色变得慢,车马邮件都慢,一生只够爱一个人",犹如格言,漂浮在我的朋友圈中。

木心,是写心灵鸡汤的人吗?

那天去乌镇东栅,经过一个名叫"晚晴小筑"的小院前,觉得名字有点意思,但终未踏入,我急着要去寻找的,是几百米开外的茅盾故居。

想不到"晚晴小筑"就是木心的故居,是他2006年回国至2011年去世这期间居住了6年的地方。

我崇敬茅盾。作为文学家,他称得上伟大;作为文化活动家,更是伟大。

这个生于1896年的作家,在长成过程中经受了辛亥革命的完整思想熏陶,并从北大外文系毕业,在世界各种主义、学说潮涌的年代,感受一个大时代的使命驱动,最终选择了马克思主义,译介了诸多关于马克思主义的文章,致力于中国共产党的早期理论建设和组织活动。

1919年新文化运动后,作为作家,茅盾在"艺术为什么"的问题上,与同行者提出了一套解决方案,成立了文学研究会,在20世纪30年代,更是参与了中国左翼作家联盟的创建。

茅盾前后两次受共产党派遣,赴国民党内部担任职务,在那个成败难决、翻脸无常的年代,需要赴死的勇气。就冲这点信念,我崇敬茅盾,他是文学家和革命家的完美结合。

从茅盾故居出来,转入西栅景区,首先碰见的便是"木心美术馆",在乌镇剧院旁边。原来木心还是个美术家。

江南古镇见多了,既然碰见了美术馆,那就进去看看吧。

这一进去,我知道,我的人生邂逅了一个重要的拐点。

我想,无论木心的美术、诗歌、文学水平如何,木心的艺术理论和他的艺术人生,都值得景仰。

艺术为什么?茅盾的邻居木心,刚好给出了跟他恰恰相反的选择,这是极有意思的一件事。

两人有相似的开始,却有不一样的结局。茅盾13岁离家求学,继而走上革命道路。木心15岁离开乌镇,56岁离开中国远赴美国,开始他所谓的"美学的流亡"。我不知道,一个在今天看来快要退休的老头子,举目无亲,不会说英语,他会遇见怎样的艰难。

1940年,茅盾的母亲去世,由此割断了他与故乡乌镇的联系,直到1981年离世,他都无暇回故乡。1980年,他写了一篇《可爱的家乡》,记叙故乡乌镇的人物风情。

◬ 乌镇东栅茅盾故居和木心故居之间的一段巷子,两个文化名人生活在同一段乡愁里。

1994 年，木心悄悄回了一趟阔别 50 多年的故乡乌镇，面对残破的家园，他在文章中说，"我再也不回来了"。

他也有他的乡愁。"我怎会没有呢？不过比较大些，类似神学是哲学的乡愁那样大，乡愁大了，小的乡就不去愁它了。"

好在 2006 年，79 岁高龄的木心辞别美国，回到了故乡乌镇定居，总算圆满了一个叶落归根的故事。

走进木心美术馆，我认识了一个艺术至上的木心，连艺术见解都美到一塌糊涂。

关于艺术，他常说的一句话是："艺术广大已极，足可占有一个人。"他说自己曾经像狗一样围着《诗经》转，即便在看守甚严的牢狱里，他也悄悄作了 33 幅水墨画，写了 60 多万字的狱中手稿。多年后，这些画作在美国巡展。

关于人生，他说"以死殉道易，以不死殉道难"，所以无论如何绝望，他都不死。

美术馆有一个纪录片展映，我蹲在地上，看完它。他回忆"文革"期间的蒙冤入狱，有一次看到外面的月光很美，他就尝试着把头伸出窗子的栅栏外，居然成功了。觉得自己自由了，他兴奋得像个孩子。他说刚到美国的时候非常困难，甚过坐牢，坐牢的时候至少还有固定的饮食供应。在他看来，"有莎士比亚、贝多芬存在的世界，我为何不爱，为何不信，为何不满怀希望？"

他视流亡为自己的美学。他的身后，是浓浓的阴影，他的前方，全是艺术之美。

他说人是一个字一个字救出自己的，他努力焊接古文和白话文的疤。他活在自己的文字中，活在全部的文学史中。他说"我是人类的好情人"，他却终身未娶，把艺术当作了全部的爱。

他说一支笔的成熟至少需要20年不停不歇的磨炼。

他一直信奉福楼拜的信条，"呈示艺术，隐藏艺术家"。他竭力去隐藏自己的生平世故，避谈政令与商品夹缝中喘息的日常，自诩自己为"绍兴希腊人"，所以他不愿意出版自己的狱中手稿，他觉得文学是高于国家主义和超越政治的，"我诗不言志，不载道，不传情，不记事……"他的手稿已经难以解读，最重要的是，它不是一件文学作品，他说"艺术的价值只在艺术品本身，其产生的原因和过程是不足道的，尤其对于艺术家"。

他说，我呀并非来自神话的苍穹，我自纸质发黄的童话插图中来。在木心美术馆，我借由木心的这些艺术言论，看见了一个纯粹的艺术家，如何不辜负艺术的教养。

而我辜负的，何止是艺术，还有日常，还有烟火。

我不知道，过去、现在，抑或将来，会有多少人去深读木心，但艺术本身就是献给无限的少数人的，只要有读者存在，木心就有意义。正如木心所言，前人的艺术是对后人的宏大祝托。

虔诚的阅读才是深沉的纪念。在木心美术馆门口，我买了全套13本木心文集，希望做最深的交流，与已经离世的木心先生。

我愿意他是窖藏了很多年的一壶酒，在这个年代，芳香正好。

我的万水千山，
不是你的翘首以盼

故事的发生是极有意思的，一篇文章结姻缘。

1913 年，时任浙江都督府秘书的张公权前往杭州府中学视察，在翻看学生作文时，竟然发现一篇作文，书法不错，文风也颇有文白杂糅的时尚范儿，当晚就给这个学生的家长——海宁硖石镇首富徐申如写信，提议将自己的二妹嫁给他的独子徐章垿。真是够任性。

这是一场标准的豪门盛嫁。15 岁的新娘能对人生有多大的想象力？无非相夫教子的现世安稳。为了这个妹妹的现世安稳，对妹妹宠爱有加的哥哥们，派六哥亲自带队远赴欧洲采办了全部嫁妆，用驳船直接运到硖石镇的徐家。江苏宝山的这户首富人家，愿意用一时的体面换取妹妹一世的幸福。她家有这样的实力，祖上如何且不论，二哥张君劢，末代翰林,民国政治舞台上的脸面人物,当过冯国璋总统府秘书长;四哥张公权,28岁时就是中国银行上海分行副行长,后来当了中国银行总裁,还给国民政府当过铁道部部长、交通部部长等,按现在的标准,都是部级干部。

可是人生没有给她多一点从容,爱情与富贵无关。

唢呐声刚刚落下,守候就成了她婚姻生活的主色。丈夫在北大的新思潮中如沐春风,她在硖石镇幽深的大院里穿针走线。他们唯一能配合完成的事业就是传宗接代。

这个被传统养成的女子,她哪懂自己的珍贵呀,只知贤惠知礼。在家的时候,只有父亲叫了才敢出现在父亲面前,只有父亲下令了才敢告退。"我甚至从来不问爸爸要不要再添茶,我干脆把茶倒好。能事先料到他的心意,才更孝顺。"她说,女人是不值钱的,出生了,得听父亲的话,结婚以后,得服从丈夫,守寡了,得顺着儿子。

"我从来没想要与他团聚,我以为我的责任就是和公婆待在一起。"可是那一年她离家找丈夫去了,自结婚起,在家守候了5年之后,她漂洋过海去看他,那是1920年。一个多月的航行,她来到马赛,她以为等待她的会是世界另一头的惊喜。倚在船栏上,她一眼就认出了人群中的丈夫,"我晓得那是他。他的态度我一眼就看得出来,不会搞错,因为他是那堆接船人当中唯一露出不想到那儿的表情的人。"她的心立刻凉了一大截,她不知道,他因为邂逅了爱情,遇见了林徽因。

对了,她叫张幼仪,她的丈夫叫徐志摩。

"你懂什么?"

"你能说什么?"

徐志摩的嘴里总是这两句话，她怯弱而柔软的心，慢慢变得坚硬。原来总有一扇门，为你开着，而今依然开着，只是不再期待。

这中间没有谁错，诗人不是可以随便迁就和盘桓的人。一个满脑子的旧观念，一个满嘴巴自由、爱与美。婚姻里最怕的是孤独，徐志摩哪承受得了这份孤独。

在莎士顿无数个寂寞的日夜后，怀孕的张幼仪只有选择逃离，带着徐志摩写的要求离婚的那封信，去了二哥张君劢所在的法国巴黎。在巴黎乡下，一个二十出头的姑娘，伴随着肚子里孩子的成长，她也有一种脱胎换骨的成长。最彻底的伤害是最有力的成长，她决定放开手，不束缚对方，也给自己腾出手来拥抱新世界。

1922年3月的柏林，冷风飕飕，把整个冬天的寒意都延续下来了。张幼仪在离婚协议书上签了字，她终于懂了，人生从来都靠自己成全，一纸婚约哪能约来一世安稳啊。

徐志摩自然欢天喜地，他把这一场离婚，当作了一场迎接信仰和自由的壮举，这是中国历史上根据《民法》办理的第一桩新式离婚案。他还是记得有个刚呱呱坠地的二儿子彼得，彼得还躺在医院的育婴房中。他去看了，照样欢天喜地，把脸贴在窗玻璃上，一脸父爱的模样。协议书上写的5000元赡养费，张幼仪一分不要。那好吧，我给你写一首诗，徐志摩写下了《笑解烦恼结》：

这烦恼结，是谁家扭得水尖儿难透？
这千缕万缕烦恼结是谁家忍心机织？

这结里多少泪痕血迹,应化沉碧!

忠孝节义——咳,忠孝节义谢你维系

四千年史骸不绝,

却不过把人道灵魂磨成粉屑……

你大道中行,我小路徐徐,谢谢你送我这唯一的一首诗,一世的悲愁。这一次,你该知道风往哪个方向吹了吧,梦里的光辉就是光辉,不再黯淡。

这一场人生的跌落,我暂且命名为苦吧。

张幼仪属鼠,属鼠的人善于寻找、获得、囤积。过去多年来,她屯的是一个女子的"三从四德"。对不起,我屯错了,这一次,我屯点新的,就屯学养、勇气,就屯出人生的坚韧和骄傲来。多年后,张幼仪说,"我要为离婚感谢徐志摩……使我得到了解脱,变成另外一个人"。这个世界从来不缺少冲突,只缺少突围和涅槃。

张幼仪说,"我婚姻中的不幸,是我这一生的一大秘密"。她带着这个秘密,走进了德国斐斯塔洛齐学院攻读幼儿教育。她要给儿子们最好的教育,也要去重新认识什么是独立的人。我将于茫茫人海中寻我破茧成蝶之行旅,得之,我幸;不得,我命。如此而已!

"我不是有魅力的女人,不像别的女人那样,我做人严肃,因为我是苦过来的。"张幼仪的严肃,在严谨、务实的德国被熔炼、被锻造,让她强大。命运还给她加了一把猛料:1925年,三年含辛茹苦、1000多天孤苦相依的二儿子彼得终究因病离去,空余下一捧冷灰,把天涯沦落的全部哀痛都留给了这个25岁的妈妈。在清泪低溅的昼夜中，她一无所有，她也一无所惧。

1926年，张幼仪回国。先在东吴大学教授德语，接着临危受命，出任亏损中的上海女子商业储蓄银行的副总裁。此后二十余年，大萧条、抗战、沦陷、内战，女子商业储蓄银行在时代狂澜中几度差点倾覆，但都在她的胆识和智慧中平安存续。这其中，与职员，与客户，与对手，与政客，与看不见摸不着的各式力量的相处与博弈，写下来未必不是一本大书。

这份刚健，又有多少男人可以比肩？

"云想衣裳花想容，春风拂槛露华浓。若非群玉山头见，会向瑶台月下逢。"这是大诗人李白写给杨贵妃的诗句。数百年后，这首诗幻化成名叫"云裳"的中国第一家时装公司，风靡民国的大上海。它将漂亮、意识、精美、个性等元素，演绎成一件件让权贵富媛们争相斗艳的时装。那个翻弄潮流的女人就是张幼仪。

这份精致，又有几个女人可以媲美？

你离开我，我丰满了自己的翅膀学会了飞。你抛弃世界去飞，我温柔你的全世界。

1931年11月18日，徐志摩带着往常的笑容来到云裳公司。看到他到来，张幼仪的脸上是一副亲人般的表情。所有的恨和屈辱已经过去快十年了，而十年来，张幼仪已经被徐家的三代人当作了"主心骨"。因不满陆小曼和徐志摩的种种浪漫行径，徐父徐母曾经非要搬到北平与张幼仪同住。张幼仪到了上海，还专门修了一栋小房子给曾经的公婆住。徐母去世时，徐父非要坚持让张幼仪回硖石镇主持后事，张俨然成了徐家的新女主人。她听说徐志摩第二天要坐免费的邮政飞机返回北平，劝他不要坐这种不安全的免费飞机。眼前的这个男人,与其说是前夫,不如说是家人。她没看出来,这次徐志摩来,内心有巨大的委屈。他与陆小曼大吵了一架,陆小曼拿烟枪掷过去,徐志摩在躲闪中打碎了金丝眼镜的玻璃。曾经你侬我侬,而今你怨我恨,徐志摩的心里有戚戚然焉。

第二天,所有的爱恨都随着一缕青烟消散。

林徽因跟梁思成说,"帮我带一片飞机残骸回来吧,我用作纪念"。陆小曼精神崩溃,不肯承认这是事实,"我不信不信"。张幼仪安排八哥张禹九带着儿子阿欢去济南认领徐志摩的遗体。

公祭仪式上,陆小曼要给徐志摩穿上西装,这一次,张幼仪坚决拒绝,陆小曼不敢反驳。

"毕生行径都是诗",这是蔡元培对徐志摩的评价。张幼仪何尝不是?只不过她不用笔书写,没有一行行优美的文字,可是她的整个人生,却是如此优美。

1939年,儿子阿欢21岁,张幼仪问儿子:"你要一个什么样的媳妇?"阿欢回答:"我只对漂亮姑娘感兴趣。"儿子的回答让她暗自难过,她替儿子找了一个漂亮的媳妇,同时也给儿媳妇请来了老师,教授英、法、德、中等文学课程。她对自己走过的路,真的怕了。

多年以后,梁实秋说,"她沉默地坚强地过她的岁月,她尽了她的责任,对丈夫的责任,对夫家的责任,对儿子的责任 —— 凡是尽了责任的人,都值得令人尊重"。

1967年,张幼仪带着丈夫苏纪之回到欧洲。那康河里的荇草,依然油油地在水底招摇,莎士顿那间住过的小屋,依然静静地伫立在草地旁。"我没办法相信我住在那儿的时候是那么样年轻。"轻轻吟哦着《再别康桥》,她从来没有如此明白,再长情的追逐,又如何奈何得了光阴。曾经沉淀在浮藻间的梦,都散去了。志摩在哪儿?徽因在哪儿?小曼又在哪儿?都悄悄地走了,唯独留下我。我的万水千山,又哪是你们要的翘首期盼?

她风尘仆仆来到台湾,找到梁实秋,找到《新月月刊》的其他同仁,找到徐志摩的表弟蒋复璁,要求收集整理那些散落的文字。再不整理,那些星辉斑斓一样的诗行,就可能沦落成泥。最早的一套《徐志摩全集》出来了,闻着油墨清香,张幼仪好像又与徐志摩见面了。只是这一次,他的目光不再是空洞的鄙夷,而她的满心欢喜里,没有羞怯和柔弱,只有坦荡和爱。

爱你，就像爱一首诗一样

1932年秋天，宋清如在之江大学的诗社活动中遇见了他，诗词为媒，两情相悦，从此，他将1932年定为自己的出生日。

"一九三三年的秋天是我一岁的开始"，"我想要在茅亭里看雨，假山边看蚂蚁，看蝴蝶恋爱，看蜘蛛结网，看水，看船，看云，看瀑布，看宋清如甜甜地睡觉"。

茅亭是之江大学的一处景观，他们在此酬唱应对、切磋诗词，当然也你侬我侬。

"我爱宋清如，风流天下闻；红颜不爱酒，秀颊易生氛。冷雨孤山路，凄风苏小坟；香车安可即,徒此挹清芬。"

"我实在喜欢你那一身的诗劲儿,我爱你像爱一首诗一样。"

"我找到了你,便像是找到了我真的自己。如果没有你,即使我爱了一百个人,或有一百个人爱我,我的灵魂也仍将永远彷徨着。"

谁都想把自己的爱情和人生过得像诗一样,优美而浪漫,何况西湖边上的这一对诗侣。

可惜的是,宋清如大一,他大四,时间错开了三年。

1933年秋天,他大学毕业离开杭州,去上海担任世界书局的英文编辑。毕业前夕,他写下《鹧鸪天》送给宋清如,"不须耳鬓常厮伴,一笑低头意已倾"。从此诗词相酬变成了上海与杭州之间的鸿雁传书,写情书成为他广为后世所知的第一份事业。

"其实如果有眼睛而不能见你,那么还是让它瞎了吧;有耳朵而不能听见你的声音,那么还是让它聋了吧,多少也安静一点。只要让心不要死去,因为它还能想你。"

多年以后,这些情书被公开,让无数的人相信爱情,让无数人在深夜阅读时泪流满面。

"我想作诗,写雨,写夜的相思,写你,写不出。"

"不要愁老之将至,你老了一定很可爱。而且,假如你老了十岁,我当然也同样老了十岁,世界也老了十岁,上

帝也老了十岁,一切都是一样。我只愿意凭着这一点灵感的相通,带给彼此以慰藉,像流星的光辉,照耀我疲惫的梦寐,永远存一个安慰,纵然在别离的时候。醒来觉得甚是爱你。"

1935年,他开始拥有第二份事业——翻译莎士比亚的戏剧。他决定把译著作为献给宋清如的礼物。那时候的大学生该有多勤奋聪慧。他大学主修的是中国文学,辅修专业为英文,却能在毕业后以翻译莎剧为业。胞弟朱文振鼓励他,这是一项为中华民族争光的伟大工程,这将成就一个民族英雄。他很兴奋,写信给宋清如,感叹中国是无文化的国家,连老莎的译本都没有。宋清如当然也很激动,写了一首诗《迪娜的忆念》赠他。

他跑遍各种各样的书店、书铺子,收集了200余种不同版本的莎剧剧本和资料,1936年开始动笔。这年8月份,第一个剧本《暴风雨》译出。也是这一年,宋清如大学毕业去了浙江湖州任教,业余帮助他翻译、整理、校勘译稿。宋清如成为与他共同探讨的知己,也是他译著的第一位读者,当然,这中间也有刻骨铭心的爱情。

"好像是你,又好像是别人,把一些专职的女巫带到了我这里。像说胡话一般,我反复地念叨着两个字,我和你。"

"记取我们简单的故事:你臂儿偶露着,我说这是雕塑的珍品,你羞赧着遮住了,给我一个斜视,我答你一个抱歉的微笑。空间静寂了好久,若不是我们两个,故事必不如此简单。"

他们将爱情过得像诗歌，有了译莎的工作后，他们的情书也有了戏剧的故事感和画面感。爱情和莎剧，相互渗透，流淌在两个人的血液中。在爱情中，他说，"我愿意舍弃一切，以想念你终此一生"。在《罗密欧与朱丽叶》中，他翻译道："今夜没有你的时光，我只有一千次的心伤。"

可惜的是，侵略者的炮火，轰碎了中国人乱世中最后残存的那一点点幸福。时间又在他们之间错开了整整7年，当然还有更长的山，更长的水。

他从上海逃难到了老家浙江嘉兴，只带了一只藤箱。200多种资料和翻译出来的9部莎剧译稿，全部被焚毁。他仅靠《牛津词典》和《英汉四用词典》两本参考书继续译莎工作。1938年，他返回上海。宋清如则举家迁至四川，躲避战祸。他曾在情书中说过，"我想象有那么一天，清如，你和我将遇到命定的更远更久长更无希望的离别，甚至于在还不曾见到最后的一面，说一声最后的珍重之前，你就走了，到不曾告诉我知道的一个地方去。你在外面得到新奇和幸福，我则在无变化的环境里维持一个碌碌无奇的地位……"这些想象，在战乱中都成了长达7年的离愁，没有所谓的新奇和幸福，只有绵绵无尽的恐惧和困苦。

动乱不堪、生死意外、孤苦飘零，他在难以想象的艰苦条件下坚持工作。当然还有给远在四川的宋清如写诗、写词、写情书：

"西北有高楼，飞甍接危穹。有人楼上伫立，日暮杜鹃风。回首神京旧路，怅望故园何处，举世几英雄。骋意须长剑，梦想建奇功。花事谢，莺歌歇。酒尊（樽）空，旧日

▲ 前排右四为之江大学时期的朱生豪

▲ 少女时代的宋清如

雕栏玉砌,狐兔窜枯松。为问昔盟鸥侣,湖上小腰杨柳,可与去年同。一片锦江水,明月为谁容。"

谁又能懂他在战乱、离愁中的悲戚？唯有这些附着在文字上的温度,给彼此以生的信念。也是在这种极端困苦中,他才能对人类的苦难有深入骨髓的体察,译出振耳发聩的文字:

"生存还是毁灭,这是一个值得思考的问题。是默然承受命运暴虐的毒箭,还是挺身而出,反抗人世间无尽的苦难,通过斗争将它们清除？这两种行为,哪一种更高贵？"

(《莎士比亚全集·哈姆雷特》朱生豪译)

1942年,宋清如来到上海,这对情侣终于在十年分离和战乱飘摇后重逢了。他们举行了简单的婚礼,一代词宗夏承焘为新婚伉俪题下八个大字:才子佳人,柴米夫妻。

才子佳人很轻,柴米夫妻很重。1943年,在常熟娘家短住一段时间后,宋清如夫妻俩回到丈夫的老家嘉兴。他们一无所有,借住在胞弟位于南湖梅花湾的一间房中,好在娘家送了一套嫁妆,才有了柜桌板凳等一应家什。他废寝忘食地翻译莎剧,什么也管不着；宋清如承担了全部家务,还去裁缝铺揽些针线活补贴家用。

可惜的是,就连如此艰难得来的幸福婚姻,也只维持了短短两年半时间。他英年早逝,时间便错开了整整半个多世纪的阴阳两隔。

超强脑力的精神透支,长期的营养缺乏,他的身体抵挡不住结核杆菌的侵袭,终于一病不起。1944年12月,带着译莎未了的遗憾,带着对妻儿无限的不舍,他离开了人世。这一年,他才32岁。

32岁,他翻译了37本莎士比亚戏剧中的31本,为莎学东渐做出了极为重要的贡献。十年译莎,他的译著带领无数后人走进了莎士比亚的戏剧世界,为中国人了解西方戏剧打开了一扇门。1947年,他翻译的《莎士比亚戏剧全集》出版,世界文坛为之震惊。

他是我国著名的翻译家、诗人——朱生豪。

宋清如曾经给他写过一行诗:"假如你是一阵过路的西风,我是西风中飘零的败叶,你悄悄地来,又悄悄地去了,寂寞的路上只留下落叶寂寞的叹息。"一个是秋风,一个是萧萧叶,想不到这竟成了这对悲情诗侣的人生写照。

他曾经用她送给他的钢笔,写了五百多封情书,有的甚至长达万言,他说这是"寄给你全宇宙的爱和自太古至永劫的思念"。他去世后,她坚持用如泣的文字写下一篇篇祭文,与他进行跨越阴阳两界的心灵沟通和情感交流,世间最动人的爱情是生死不离:

> "虽则生活的鞭捶,好不松弛在向我鞭抽……但是,生豪,为着你的孩子,我必须使他生活下去,我绝不会在苦难前畏缩。我唯一的信念是灵魂的确存在,因为只有这一线希望,能增加我活着的勇气,在渺茫的岁月里,我将依持这一点微光的照耀。当我走完了这命定的路程——不如说是过完了徒刑的岁月,反正世界并不胜似囚笼——时,

爱你,就像爱一首诗一样

会看见你含着笑向我招手。那时候,我将怎样轻快地跟着你的踪迹,那管是天堂或是地狱。"

他活着的时候,说自己是"宋清如至上主义者","比起你来,我也是要幸福得多。因为我的朋友是一个天使,而你的朋友只是一个傻小子"。他死了以后,她是丈夫至上主义者。全国解放后,为出版丈夫的译著,她四处奔走,她说,他是一个卑微的小人物,他没有任何足以显示地位的职称或头衔……他是一个傻小子,不懂得也不屑于随时逐流,趋炎附势。1954年,《莎士比亚戏剧全集》12卷本也终于出版了。1955年,她请假一年远走四川,回家后,又花了两年时间整理,终于译完了丈夫未曾翻译完的6部莎剧。她将2亿元(旧币)稿费中的5000万元捐赠给嘉兴市建设有线广播站,又向朱生豪的母校秀州中学捐赠1000万元,购置图书设备,剩余的钱购买了国债,支援国家建设。她的使命是成全丈夫,从没想过享受爱情的果实。

她一生保留着童话般的回忆:"那时,他完全是个孩子。瘦长的个儿,苍白的脸,和善、天真,自得其乐地,很容易使人感到可亲可近。"为此,她在长夜漫漫的黑暗中挣扎呻吟了整个余生。她活得平淡,只想要这一生的圆满。

52年后的1997年6月,宋清如终于和他团聚了,他们肩并着肩安躺在嘉兴的大运河畔。

墓碑上这样写道:"要是我们两人一同在雨声里做梦,那境界是如何不同;或者一同在雨声里失眠,那也是何等有味。"

经世明道·修身篇

夫仁人者，正其谊不谋其利；明其道不计其功。

何处青山是越中

天姥山主峰斑竹山山麓下的斑竹村，40多岁的谢灵运带着一班乡人凿山开道、伐木开径，打通了通向天姥山的数处险道。从此，层峦叠嶂、苍然天表的天姥山，成为中国山水诗的代名词。

谢灵运从山阴东山一路开伐出来的数百里剡中山水路，直达五台山、雁荡山，成就中国历史上最具文化意义的一条道路——浙东唐诗之路。在接下来的千百年里，数百位诗人纷至沓来，狂野风景成为诗人们的心中情思、笔下情趣。

谢灵运之前，"书圣"王羲之早就来了。永和十一年（355），他由会稽迁居剡县金庭乡。"浙中山水越为首，越中山水剡为目"，剡中山水奇丽，王羲之在这里种植桑果，清风出袖，明月入怀。当年的兰亭雅集，早已开辟出一条精神山水路。

这条路，北倚杭州湾、会稽山，东连四明山，南达天台山，中间河湖交错、风景清丽，早在两晋交替的八王之乱、五胡乱华时期，就有大批北方士人避难江左，选择这一片山水作为隐身之地，最著名的是琅琊王氏家族。中原文化的灌注，生命形式的激荡，让浙东山水充满灵性之美，让这里在经历时间的沉淀和艺术的汇流、发酵后，形成巨大的文化虹吸效应。

它刚好与通向长安的路方向相反，一路向南，有啸歌丘林，五弦清激，可以抚慰偏安的心。

这条路上，最知名的诗人当然是李白。他 25 岁第一次出川，就写了"霜落荆门江树空，布帆无恙挂秋风。此行不为鲈鱼脍，自爱名山入剡中"的诗句。谢灵运洒落在剡中的遗风，成为青年李白的人格导向和精神养料，他千万里地奔来了。

开元十四年，即公元 726 年，李白到达剡中，"借问剡中道，东南指越乡。舟从广陵去，水入会稽长。竹色溪下绿，荷花镜里香。辞君向天姥，拂石卧秋霜"，一路美景，照耀着意气风发的李白。

20 年后的公元 746 年，46 岁的李白再次来到浙江。他兴冲冲地从山东兖州来到越州拜访告老还乡的恩师贺知章，也许头脑中无数次浮想贺知章"镜湖流水漾清波，狂客归舟逸兴多"的情景，不知道和恩师会是怎样一场胜却人间无数的相逢，当年"谪仙人"的称呼还是恩师加封的。

可惜贺知章已经作古。李白前往剡中，这一次，他写下了他一生中最重要的三首长诗之一《梦游天姥吟留别》："天姥连天向天横，势拔五岳掩赤城。天台四万八千丈，对此欲倒东南倾。我欲因之梦吴越，一夜飞度镜湖月。湖月照我影，送我至剡溪。谢公宿处今尚在,渌水荡漾清猿啼。脚著谢公屐,身登青云梯……"任性的李白对纵情山水的谢灵运投注了深彻灵魂的仰慕:"世间行乐亦如此,古来万事东流水。别君去兮何时还?且放白鹿青崖间。须行即骑访名山。安能摧眉折腰事权贵,使我不得开心颜。"李白在浙东的山水里,用一颗奔腾的心与曾经急功近名的自己告别。

也是这一次,李白到达天台山,这里有他神交已久的道教上清派第十二代宗师司马承祯。李白在天台山写下了著名的《天台晓望》,内心渴望能够身长羽毛,永生永世地逍遥于这蓬莱般的仙境。

天宝十二年(753),李白第三次入剡中,"越水绕碧山,周回数千里。乃是天镜中,分明画相似。爱此从冥搜,永怀临湍游。一为沧波客,十见红蕖秋"。

越中山水留下了李白感怀追慕、低头独长叹的灵魂空间。

李白只是一个后来者。开越中风流之先河的是初唐诗人宋之问。他被贬为越中长史,游历剡溪,写过《游法华寺》《宿云门寺》《泛镜湖南溪》等诗,流布京师,人人传颂,"犹闻可怜处,更在若耶溪",宋之问笔下的越中景象成为诗人们的远方。

继宋之问之后,初唐四杰——王勃、杨炯、卢照邻、骆宾王,他们各自从古西陵渡口过钱塘江,踏上越州土地。那时候的越州,比杭州有名得多。杭州是到南宋时才成为都城,慢慢引领起东南繁华的。

公元680年,那个7岁就能《咏鹅》的神童骆宾王出任临海县丞,穷途落魄,不满时局,起草了起兵讨伐武则天的檄文,越中的山月湖波,恍见了一个正直文人的内心波澜。

何处青山是越中

永淳二年（683）三月，那个写下过"海内存知己，天涯若比邻""落霞与孤鹜齐飞，秋水共长天一色"的王勃，来到若耶溪的云门寺王子敬山亭，率浙东诗人举办了一次模仿兰亭雅集的修禊活动，撰写了《修禊云门献之山亭序》，"迟迟风景，出没媚于郊原；片片仙云，远近生于林薄。杂花争发，非止桃蹊；群鸟乱飞，有逾鹦谷。王孙春草，处处争鲜；仲阮芳园，家家并翠。于是携旨酒，列芳筵，先祓禊于长洲，却申交于促席。良谈吐玉，长江与斜汉争流；清歌绕梁，白云将红尘并落"。修禊意犹未尽，那年秋天，王勃再次在云门寺修禊，又作《越州秋日宴山亭序》。

唐如意元年（692）秋后，那个写下过"宁为百夫长，胜作一书生"的杨炯，左迁盈川令，来到浙江，与浙东山水毗邻而居。

公元729年，40岁的孟浩然"山水寻吴越，风尘厌洛京"，从襄阳故里出发，一路兴冲冲往越中奔来。在建德江，他看见"野旷天低树，江清月近人"；在钱塘江，他兴冲冲地问舟中人，"潮落江平未有风，扁舟共济与君同。时时引领望天末，何处青山是越中"。孟浩然在越中待了整整两个年头，从鉴湖、若耶溪、云门寺一路交游到新昌石城寺、天台山，在浙江写下了35首诗，而他的流世诗歌总共才260多首。

几乎与孟浩然同时来到越中的，是"诗圣"杜甫。开元十九年（731），20岁的杜甫游历越中，30年后，他在困病中这样回忆吴越之游："越女天下白，鉴湖五月凉。剡溪蕴秀异，欲罢不能忘。"

那段年岁，应该还有崔颢也来了越中，他写过《舟行入剡》：

鸣棹下东阳，回舟入剡乡。

> 青山行不尽，绿水去何长。
> 地气秋仍湿，江风晚渐凉。
> 山梅犹作雨，溪橘未知霜。

公元 823 年，浙东来了一位父母官，他就是诗人元稹。元稹被贬浙东观察使兼越州刺史。他给白居易寄去诗，表达对浙东生活很满意，"我是玉皇香案吏，谪居犹得住蓬莱"，白居易给他赠诗，"我住浙江西，君住浙江东。勿言一水隔，便与千里同"，两人在浙江写下大量两地诗，留下了一段超越时空的情谊。白居易曾经 3 次漫游浙东山水，他说"东南山水越为首，剡为面，沃州、天姥为眉目"。而元稹在浙东任职 6 年，更对"仙驾初从蓬海来，相逢又说向天台"的文人墨客入剡场景有过亲身感受。

文人墨客如过江之鲫，穿过钱塘江，大举入剡，剡溪成为"唐诗之路"的滥觞，尤以李白、杜甫、白居易、陆游等历代著名诗人和"茶道始祖"皎然、"茶圣"陆羽入剡为盛。《全唐诗》中 3200 多位诗人，就有 450 多位诗人入剡，畅游吟唱剡中大地，留下 1500 多首有关山水、怀古和题居的诗歌。

这片中国书法艺术的圣地、中国山水诗的发祥地，最终成为士族文化的荟萃地，在诗歌的花团锦簇里，有盛唐气象流淌着的历史强音。

有人说，一座天姥山，半部《全唐诗》。

"镜湖水如月，耶溪女如雪"，汉语的灵魂需要找到恰当的载体。浙东山水，也许就是最好的载体，她装着风物、丧乱和生命辗转，那"落日花边剡溪水，晴烟竹里会稽峰"给千万里寻来的诗人们风和日丽的明媚，诗人们也给这条唐诗之路以最璀璨的诗章。

很多年以后,有一位叫余光中的诗人写过一首《寻李白》的诗,"凡你醉处,你说过,皆非他乡",浙东这200公里长的山水,对那么多从蜀道、边塞、长安万水千山而来的诗人来说,不是他乡。

从此,我们更爱山水

他从小被家人叫作客儿,人们称他为谢客。

他出生在会稽的始宁,那里的山叫东山,水叫曹娥江,一派好山好水。

小时候,他被寄养在钱塘的名道士杜炅那里,杜炅奉行五斗米道,五斗米道讲究养气之道。循着那自然界的清气,五谷杂粮中的水谷精微,他在道法自然的法则中养就了一种离俗超凡的气质。

可是出身不允许他像山像水那样低调。15岁的时候,他回到了都城建康(今南京)乌衣巷的家里。王、谢两大豪门的宅第,"旧时王谢堂前燕,飞入寻常百姓家",唐朝诗人刘禹锡的诗里说的就是他家的事儿。爷爷谢玄,是东晋的战神,缔造了东晋的精锐之师北府兵,彭城之战、淝水之战都是谢玄的千古杰作。谢玄还把"草木皆兵""风声鹤唳"

两个成语留给后世。

他的外公家也很厉害，外婆是大书法家王羲之唯一的女儿，王羲之是他的曾外祖父。

烈火烹油，鲜花着锦，作为东晋门第最为华贵的士族子弟，他的人生从一开始就相当开挂。

谢玄对这个饱读诗书的孙子格外重视。18岁那年，他继承了爷爷的世袭爵位，被封为"康乐公"，那是仅次于"王"的天子重臣之爵，食邑两千户。

他开始做官，其后十几年，都活得体体面面。可官场历来复杂，他政治才干平平，偏偏又恃才傲物，不是那块政治家的料。

他说这天下之才共十斗，曹子建独占八斗，他得了一斗，天下其他人共分一斗。于是有了成语"才高八斗"。

422年，37岁的他被人排挤，从京城外放到了会稽以南500里外的永嘉，担任永嘉太守，"一斗才"终于在这里显山露水。

永嘉，"水长而美"的意思，那眼波横，那眉峰聚，那条母亲河楠溪江，渡来了这个被爷爷唤作"客儿"的父母官。

来到永嘉那天是农历八月十二，他爱极了永嘉的山山水水，永嘉的山水也遇见了第一位知己。为了上山下山方便，他发明了一种木屐，上山的时候把前齿取下，下山的时候把后齿取下，这样不管上山下山，都如履平地，这鞋被称为"谢公屐"，流传过好多个朝代。

东晋时期的诗坛，玄言诗盛行。玄理入诗，好清谈之风，他的曾祖父谢安，就是东晋最著名的宰相，极善玄谈。

山水之中，哪有那么多的玄意？他安安心心地把山水之景搬进诗里，性情渐隐，声色大开。他重视山水姿态，对山水细节的观察精细入微。

中国古代文人到他这里,寄情山水似乎成为一种必然的选择。魏晋六朝,干戈纷扰,政治紊乱,人命危浅,山泉林木成了文人们灵魂安放的好去处,"非必丝与竹,山水有清音"。

他本来就博览群书,才华横溢,"文章之美,江左莫逮"。那一年,他放下所有政务,"肆意游遨,遍历诸县,动逾旬朔,民间听讼,不复关怀",写下20多首诗,《登石门最高顶》《石室山》《登永嘉绿嶂山》《石门岩上夜宿》……谁也没有料到,永嘉山水经由他的笔和墨,流淌出了中国山水诗的浩浩长卷。楠溪江,竟然成为中国山水诗的源头,放荡不羁的他成为中国山水诗的鼻祖。

在他之前,中国诗歌以写意为主;从他开始,诗里有了山水景物的客观美,有了山水细节、浓墨淡染。

山水诗,就该始于一位这么好玩、有趣的诗人。

他走过永嘉细腻的四季,留下了细腻的诗行。春天里,他《登池上楼》,"池塘生春草,园柳变鸣禽",后世文人元好问评论说是"池塘春草谢家春,万古千秋五字新"。

冬天里,他《岁暮》感怀,"殷忧不能寐,苦此夜难颓。明月照积雪,朔风劲且哀。运往无淹物,年逝觉已催",这六行诗句里,写出了千古最美的雪夜,有大意境,也有大感慨。

从此,在每个诗人的心中,都有一片永嘉山水。苏东坡说,"自言官长如灵运,能使江山似永嘉",孟浩然、王维等人的履迹也轻轻地印在了雁荡山的泥石间,尤其是孟浩然,来得迫不及待,"借问同舟客,何时到永嘉"?

一年多后,他辞去永嘉太守的职务,写下《初去郡》,给永嘉山水留下"野旷沙岸净,天高秋月明"的名句,直接回到了老家会稽始宁,在那里修建别墅庄园,邀请一众隐士逍遥山水,吟诗作乐地过上隐居的生活。

虽不在京城,京城却依然有他的传说。他的每首诗都传到了京城,官吏、百姓竞相传抄。

424 年,刘义隆登基为帝,两次召见他,他都不理会,直到第三次叫人写信大肆赞扬了他一番,他才出山,第三次进入官场,做了秘书监,负责整理秘书省的书籍。宋文帝安排他撰写《晋书》,"灵运诗、书,皆兼独绝,每文竟,手自写之,文帝称为'二宝'"。有了皇帝这番玉言赞许,他更加翩翩然自得起来。

他想谋一个正儿八经的参政议政的官职,可惜宋文帝在这一点上并不宠待他,宋文帝在乎的只是他的文辞修饰。

他称病辞官回了会稽,回到斯山斯水的痴爱里。

与其矛盾,不如舍弃。可宰相之后,哪有那么容易抛却名利之惑?

好在父祖之资,生业甚厚,他还是那样财大气粗,每次出游都大兴劳役,动不动就几百随从。那一次,他一路从始宁南山玩到了临海,足足七百里地,伐山开道,探寻幽峻,声势嚣张。临海太守王琇还以为来了山贼,匆忙组织军队防守。

这件事被写进了《宋书》:"奴僮既众,义故门生数百。凿山浚湖,功役无已,寻山陟岭,必造幽峻,岩嶂千重,莫不备尽。登蹑常著木屐,上山则去前齿,下山去其后齿。尝自始宁南山伐木开径,直至临海,从者数百人。临海太守王琇惊骇,谓为山贼,徐知是灵运,乃安。"

他无非是带着诗人的一点性格,做着一个传统文人"修营别业,开发山泽"的梦。可是一个下野的文人,动辄几百号人围在身边,执刀伐薪,决湖造田,纷纷攘攘,还不把地方官放在眼里,想刁难就刁难,想嘲讽就嘲讽,他眼里的"山野草木水石谷稼之事",在地方官那里就不是那么一回事,会稽太守一道奏折,告他结党谋反。

他只得赶紧前去京城,向皇帝诉冤洗枉。宋文帝借机让他第四次进了官场,做了临川内史,这是个五品官员。当初在皇帝身边时,好歹也是个三品的侍中。他心中的愤懑该有多重啊,带着对故乡山水的思念,他踏上了异乡之旅,写下了《道路忆山中》,慨叹"不怨秋夕长,常苦夏日短"。

在这个失意人眼里,政务敌不过山水的诱惑,他又游山玩水去了。当上级派兵去逮捕他的时候,他竟然大呼"韩亡子房奋,秦帝鲁连耻。本自江海人,忠义感君子",把来人抓住,武装拒捕,真的来了一次起兵反叛。

起兵反叛,在任何朝代都可能有杀身之罪,但皇帝还是怜惜他,充军了事。宋元嘉十年,即433年,他充军广州。地方官借他想武装解救自己的名头,再上一道奏折,皇帝只好下诏绞杀。就这样,山水诗鼻祖没了归路。

岭南山水,终究没有永嘉山水那般幸运,让他留下哪怕三两句诗行。

轻身离去,诗名流传,他将山水情怀、山水诗歌留给了后人。

他离世30多年后,同是谢氏后人的谢朓,继承了这位族叔的衣钵,寄情山水,"大江流日夜,客心悲未央",彻底排遣了山水诗中的玄言成分,把山水诗往前推进了一步,人称他们为"二谢"。

从此,我们更爱山水

他最知名的倾慕者当是李白。李白到处寻觅他的足迹,"且从康乐寻山水""湖月照我影,送我至剡溪。谢公宿处今尚在,渌水荡漾清猿啼,脚着谢公屐,身登青云梯"。他到过的地方,李白做梦都想去,那永嘉山水,无数次走进李白的诗里和梦里。李白仰慕他的才华,"吾人咏歌,独惭康乐""陶公愧田园之能,谢客惭山水之美"。李白更与他习性相同,"会稽愚妇轻买臣,余亦辞家西入秦。仰天大笑出门去,我辈岂是蓬蒿人""安能摧眉折腰事权贵,使我不得开心颜",在李白无比清幽的山水诗风景里,处处都有他穿透时空的潇洒印记。

对于历史上的谢氏家族,人们倾慕更多的是他们拥抱政治的阵势与气度,那是高山流芳,千古垂范。可就有这么一位后人,他的诗意与诗情破纸而出,他是谢灵运。

朱自清说他是"第一个在诗里全力刻画山水的人"。有人说,他活成了千百年来文人们最喜欢的样子。

唐代诗僧皎然说,他的诗是"诗中之日月"。

人生只合住湖州

他从来没想到,他的后半生会过得如此凶险。

753年,刚从京师被贬到平原郡(今山东德州)任太守,44岁的他就经历了唐朝历史上最大的一次国家战乱。安禄山气势汹汹地从范阳起兵杀向长安,想不到竟然在自己管辖的河北地盘上,遇到了文人颜真卿组织的最大规模的抵抗。

颜真卿早就料到了安禄山的阴谋,"以霖雨为托,修城浚池,阴料丁壮,储廪实"。借口雨水多,为了巩固城防,购买粮草,招募壮丁。为了免遭安禄山的怀疑,还要假装到处游山玩水,一副百无一用是书生的样子。

颜真卿联手任常山太守的堂哥颜杲卿,招募勇士,全力讨伐叛臣。颜氏家族300多人在这次抵抗叛军的过程中牺牲,巢倾卵覆,取义成仁,颜杲卿被叛军凌迟处死。对颜真卿来说,打击最大的还是侄子颜季明的壮烈牺牲,他被杀后只留下了头颅,身躯不知何处。

平定叛乱后的758年,他见到只有头颅的侄子遗体,至情悲愤,写下《祭侄文稿》,追述颜杲卿、颜季明父子俩抵抗叛军、横遭杀戮的往事,230个字,只蘸了五次墨,枯笔连连,凌乱如麻。

元代张敬晏题跋云:"书简出于一时之意兴,则颇能放纵矣。而起草又出于无心,是其心手两忘。真妙见于此也。观于此帖,真行草兼备三法。"心手两忘,普世至情,此帖姿态横生,随情起伏,或杀笔狠重,戛然而止,或细筋盘行,纵笔浩放,一泻千里。也没有谁再能临摹出他的笔法,就因为"抚念摧切,震悼心颜",颜真卿写尽了一个叔父的泣血哀恸。

在书法史上,《祭侄文稿》被评为"天下第二行书"。

因为言事耿直,未容于当权奸臣,战功赫赫的颜真卿依然未能久位于朝堂,而是不断被贬外任,四处奔波,累蒙窜谪。蒲

州刺史、饶州刺史、昇州刺史、彭州长史、利州刺史当了个遍,中间略有升迁,但很快又被左迁为吉州别驾、抚州刺史。

他不以介怀,说"君子之仕,不以位尊为荣,而以尽职为贵"。

守政尽职,立朝正色,颜真卿把敬业变成了一种习惯,他乐道,他又自怡。

773年初春,64岁的颜真卿一路颠簸了4个月,终于从江西抚州来到了山水清远、簪冠之盛的湖州。

湖州,来过王羲之、王献之,他们都在这里当过刺史。

颜真卿满含着为君守政、为民解忧的忠义之情。"委垦草、辟田之务于粤,委阅簿、检吏、接词政之务于器、昱等,而境内晏然。政尚清静,长孤养者,彻备浚隍,式廉明,进吏事,特责大旨而已",在政务上他不愿出任何纰漏,给朝堂上依然对他虎视眈眈的权臣留下话柄。

颜真卿随身带着他尚未编撰完成的《韵海镜源》,这部自他

人生只合住湖州

28 岁出仕就开始编撰的音韵巨著，以《说文》《尔雅》等字书，穷其训解，又以经、史、子、集中两字以上的成句广而编次。还在山东德州担任平原太守的时候，他就已经完成了 200 卷，到了抚州刺史任上，又不断增编，裁成 500 卷。科第、制举出身的颜真卿，自幼研习音韵和文辞训诂，是真正的儒士文人，博学，工辞章。他的大家族琅琊颜氏家族，有着儒学涵脉，是典型的文化士族。

宦海沉浮，叛军横生，《韵海镜源》经历过遗失，也不断被补辑，这是他一生最重要的精神事业和文化生活。为了继续编撰《韵海镜源》，颜真卿将州治专门取名为"韵海楼"，把俸金充作纸笔之资。

和在平原郡、抚州一样，这次在湖州，他广邀文人墨客，一起来编撰这部韵书。这其中就有诗僧皎然，文学家陆羽，诗人杨衡、李崿、权器等。一年之后，精简压缩到 360 卷的《韵海镜源》终于定稿，参与编撰的多达 61 人。它首创类书按韵编排之体例，为后世韵府类书之鼻祖。

颜真卿的人品和文名，为他引来了一大帮文友。他们聚集在一起，休闲娱乐之中，开始我出两句上联，你应和两句下联的诗歌联句活动。湖州，东南形胜之地，才子迭出，更是士大夫们息影山林的好地方。

那一次在岘山，颜真卿带着诗友、门生、子侄共 29 人，煮酒宴集联句。颜真卿出了第一句："李公登饮处，因石为洼樽"，接下来的 28 人接了 56 句，这次联句诗会活动，一共联了 58 句，成为唐人联句之冠。在《全唐诗》中，共有 136 首联句被收录，其中 103 首为中唐时期的创作，而在湖州创作的就有 53 首，多是颜真卿带着一众文人唱和而就，形成了文学史上著名的湖州文人集团，也是中唐"吴中诗派"的中坚力量。

颜真卿的文人集团中，有一对好朋友，就是诗僧皎然和茶圣陆羽。皎然是入世的诗僧，在湖州妙喜寺当住持，一生热爱山林，与有道者交游，写过一本名叫《诗式》的诗歌理论重要著作。那一年，皎然遇见了因为安史之乱避祸湖州的陆羽。陆羽结庐隐居在苕溪畔，皎然来了，两人同行狂野，煮茶思禅。"移家虽带郭，野径入桑麻。近种篱边菊，秋来未著花。扣门无犬吠，欲去问西家。报道山中去，归来每日斜。"《唐诗三百首》里皎然的这首《寻陆鸿渐不遇》，讲述的就是去拜访陆羽而不遇的故事。陆羽隐居10年写了一本《茶经》，成为后世尊崇的"茶圣"。禅茶文化就从苕溪边上走向了全国，流向了世界。

苕溪边上还住着颜真卿的另一位朋友，就是唐肃宗的朋友张志和。母亲和妻子去世后，他弃官隐居在湖州城西的西塞山，自称"烟波钓徒"，独钓江上清风，钓鱼的时候连个鱼饵都不设，志在渔而非鱼。"西塞山前白鹭飞，桃花流水鳜鱼肥。青箬笠，绿蓑衣，斜风细雨不须归"，平淡几句，就筑起了传统东方文人好隐乐逸的精神家园。它远播东瀛，日本嵯峨天皇都填起了《渔歌子》，群臣奉和。可惜结识颜真卿没两年，他就溺毙在他最钟爱的清波里。

颜真卿懿文硕学，虚己下士，小小的湖州，在中唐的文学史上，留下了满满一座庭院。他们在这样的庭院中进行着闲恬的交游和唱和，让整个中唐大历的诗风都带着淡淡的清远酒风。

颜真卿也是一个勤奋的读书人，他写过一首著名的《劝学》诗："三更灯火五更鸡，正是男儿读书时。黑发不知勤学早，白首方悔读书迟。"在湖州任职五年间,他不厌其烦地写碑,写了《救天下放生池碑》《乞御书题额恩敕批答碑阴记》《杼山妙喜寺碑》《吴兴沈氏述祖德记》《颜杲卿碑》《文殊师利菩萨碑》《浪迹先生元真子碑铭》《元结墓碑》《石柱记》《西亭记》《射堂记》《项王庙述》《晋谢太傅塘记》《白鹤山灵济庙记》《干禄字书碑》《颜氏残碑》《和政公主碑》《玄宗贤妃卢氏志》,等等。

写在石碑上的文字,自然筋道有力,他的骨气赫赫给了手中笔以力道与气魄。苏轼说,"诗止于杜子美,书止于鲁公";他还说"颜公变法出新意,细筋入骨如秋鹰"。他临摹《天际乌云帖》,向颜真卿致敬。在中国书法史上,颜真卿是唯一一个和书圣王羲之齐名的人物,超过苏、米、蔡、黄宋四家。

777年,69岁的颜真卿从湖州离任。5年后,已经74岁的颜真卿被奸相卢杞所忌。他挑唆当朝皇帝派颜真卿去劝喻叛乱的淮南节度使李希烈。颜真卿明知是一场赴难,却不曾有半点退缩。书法"亚圣"最后被李希烈缢杀,英烈言言,如严霜烈日。

尽职则贵,是他一生的写照,也是他留给世人最好的劝慰。欧阳修说:"斯人忠义出于天性,故其字画刚劲独立,不袭前迹,挺然奇伟,有似其为人。"

近500年后的1258年,赵孟頫4岁的时候,蒙古人正式做出了征服江南的计划,大军南下,南宋风雨飘摇。1276年,蒙古人兵不血刃,临安城史无前例地"无血开城",赵宋王朝开始逃亡。1279年,崖山海战,8岁的宋少帝赵昺被人背着投海,十万余人投海自尽殉难,赵宋王朝灭亡。

无数人的尸骨,堆砌成中国宏大的叙事。

这一次，中国第一次整体被北方游牧民族征服和统一。靖康之耻，南宋尚有一隅残喘；崖山海战，南宋王朝最后一个弹丸之地的据点都被拔掉，江山变易得如此彻底，甚过历史上任何一次王国悲歌。

赵孟頫就是这样，22岁时就成了一个亡国知识分子，成了遗民，关键是，他是宋太祖赵匡胤的第11世孙。

蒙古人没有用大火烧掉临安城，当然也没有屠城。但是，江南再也不是"二月江南莺乱飞，百花满树柳依依。落红无数迷歌扇，嫩绿多情妒舞衣"的江南了。

如今寂寂东风里，把酒无言对夕晖。

这样的命运，早就注定。一个不知名的文人林升，当初在首都临安的一个旅馆里，写了一首诗，"山外青山楼外楼，西湖歌舞几时休。暖风熏得游人醉，直把杭州作汴州"，南宋皇室苟且偏安，不思收复中原，纸醉金迷。

参差十万人家的东南都会终究被一支长矛挑破。

马上取天下，不可马上治天下。忽必烈算得上一个别具眼光的皇帝，他推行"汉法"，参照唐宋体例订立帝号、官制、经理、农桑、赋税、钞法、课程、舆服、经筵进讲、郊祀、太庙、社稷、谥法、旌表、学校、贡举、五刑、五服、祭令等，照单全收汉人治理体制，华夏文明并没有因此断了链条。

有人说，崖山之后无中国，实在有点无稽之谈。

《元史·儒学传》载："世祖初得江南，尽求宋之遗士而用之，尤重进士。"

赵孟頫抱定了隐逸林泉、高蹈尘外的理想，"采采山中薇，愧尔肉食人"，对故国亡朝，最好的交代就是从此与这个世界相忘于江湖。

他的母亲说,天下既定,朝廷必定偃武修文,正是好男儿读书之际。他从母命"自力于学",开始跟着湖州的大儒敖继公修习儒家经典,并开始写作儒学研究著作《尚书集注》。"吴兴八俊"之一的美名,来自他的学问,而非书法和绘画。

当然,赵孟頫的书法并不差。有整整7年的潜心耕砚,他千百遍临摹《兰亭》,在细如发丝的笔迹中体验"天下第一行书"的韵度和筋骨,点点滴滴融进自己的思想与个性,终于成为"上下五百年,纵横一万里,复二王之古,开一代风气"的集书法之大成者。

1286年,打进临安城10年之后,忽必烈再次下令"搜访遗逸",这一次赵孟頫逃不掉了。受命"搜访遗逸"的程钜夫列了一个长长的名单,他名列其首,后面跟着的大多是宋室王孙。著名华裔学者刘子健先生说过,"中国近八百年来的文化,是以南宋为领导的模式,以江浙一带为重心",忽必烈的蒙元政权自然想依靠宋室在江南的影响力,更好地统治江南。他是宋室王孙,书法、绘画、音律,样样精通。更重要的是,他的脑子里装满了积极入世、经邦济世的儒家思想,"功名会有时,生世苦不早。顾瞻靡所骋,忧心惄如捣"。

布衣之志,从来都是官袍无法加身时聊以自慰的备选项,功名是天下男儿最好的兴奋剂。

在需要激流勇进的年华里,苍天大川才是他的理想。

淹留偃蹇,甘心草莱岩走之间,与鱼鸟为群,蹉跎岁月是最大的恐惧。再大的闲情逸致也只是一种精神麻痹,一种名为超逸的偷生罢了,满足不了他的身份理想。

宋室灭亡，一声叹息过后，仍然需要热爱生活。

出仕，是最好的选项。大宋王孙赵孟頫成了蒙元之臣。

整个江南遗贤群体，先是苦口婆心地规劝，哪有仕北胡的道理？简直是斯文扫地、奴颜媚骨，这做不得！"虚名何用等灰尘，不如世上蓬蒿人。"苦劝不成，再以绝交威胁：你要是拿了元廷的俸禄，就不要说你是赵室的人，也不要说与我们曾经为伍过。最后是涕泗乱飞的唾弃，骂他辱没祖宗，变节失尊，连他的侄子都与他割袍断交。

他义无反顾接受了征召，因为他"非苟为是栖栖也"，兼济天下是知识分子的使命，"士少而学之于家，盖亦欲出而用之于国，使圣贤之泽沛然及于天下，此学者之初心。"

32岁那年，怀抱着这样的初心，他告别清远的湖州，来到大都，开始了安邦经世的仕途生活。在气势恢宏的元皇宫里，忽必烈召见了他，并力排众议，安排他坐在了尚书右丞叶李的上首，并授他从五品奉训大夫、兵部郎中，在蒙古人为上，色目、汉人、南人递降的元王朝森严的等级序列中，作为南人，能进入政治核心层，足见忽必烈的姿态，无论如何，他主观上实现了自己治国平天下的夙愿。

在一个异质文化支配的朝廷里，固执、贪婪、倾轧、嫉妒，这些都会是标配。在朝堂上，赵孟頫并不忌讳自己的南人身份，本着尽忠尽职的原则，哪怕面对蒙古族权臣，他建言献策，敢于争辩，从来都是尽一份本分，也随一份骨气。

最终，他历经五任皇帝，荣际五朝，致君泽物，纵横南北，成为元代书坛巨擘，也官拜从一品的翰林学士承旨、荣禄大夫。在元朝那样一个各色文化混杂的时代语境中，赵孟頫以汉儒文

人生只合住湖州

化为旗帜,让华夏文明之脉畅通无滞。

他成为"楷书四大家"中唯一一位唐朝之后的书法家。

每一个汉字上,都流淌着华夏文化的血脉,当它被柔软的湖笔书写开来,就有了婀娜,有了飘逸,有了风韵,也会有气吞山河的磅礴之姿。它最大限度地延展了人格的宽容度,从柔情似水到铮铮筋骨,构成了华夏民族的精神特质。

"行遍江南清丽地,人生只合住湖州。"湖州留存了半部中国书画史。山水有笔墨,书法存骨性,书法虽为小物,却通大道。被称为"画佛之祖"的曹不兴、草书《千字文》传世的高闲、人称"燕家景致"的燕文贵、"吴兴八俊"之首的钱选、独创"赵体"的赵孟𫖯、开创"南苹画派"的沈铨、"文人画最后的高峰"吴昌硕、"书圣"王羲之、"小圣"王献之、传"永字八法"为后代楷书立下典范的智永、独创"颜体"的颜真卿、填写《渔歌子》的张志和、"唐宋八大家"之一的苏轼、"宋四家"之一的米芾……每一个名字都让人心热。

最忆是杭州

藩镇叛乱,两河用兵,12岁的白居易第二次搬家,从徐州的符离出发避乱江南,五六年的颠沛,幸好是在江南。诗文唱酬,盛况空前,少年的眼里,满是风流雅韵。

822年,知天命之年的中书舍人白居易拿到了当朝皇帝唐穆宗的一纸外放任命,兴冲冲地从长安出发,恨不得一夜到杭州,"烟波三十宿,犹未到钱塘","杭州五千里,往若投渊鱼。虽未脱簪组,且来泛江湖"。

喜欢谏言和写讽喻诗的白居易厌倦了朝政昏暗,牛李党争,"半头白发惭萧相,满面红尘问远师",他不再是那个"野火烧不尽,春风吹又生"的蓬勃少年,不再是那个"又送王孙去,萋萋满别情"的忧郁少年,不再是那个"慈恩塔下提名处,十七人中最少年"的得意进士了。当年在 3000 人的浩荡科考大军中,他成为考中进士的 17 人中最年少者,抱的是鸿鹄之志。可是出仕半生,朝中风云并不清朗,政治理想日渐泯灭。如果能安安心心地以儒修身,成就一番知足的事业,以释治心,获得心中的圆满,还能伴以山水、风月、歌诗、琴酒,那再好不过了。

对白居易来说,"中隐"显然要好过"大隐",好过"小隐",这样的外放再好不过。

奔着江南的方向,那一路的风景多美啊,"一道残阳铺水中,半江瑟瑟半江红。可怜九月初三夜,露似珍珠月似弓",白居易的心中自是一片欢歌。

遇见白居易,是杭州有幸。这时候的杭州,是满地鸡毛。

白居易十月到杭州,正逢杭州大旱,西湖严重淤浅,钱塘官员还不愿意放水让百姓灌溉,说剩下的水是要养鱼养菱的,那可是钱塘的风水。

"且鱼龙与生民之命孰急?茭菱与稻粱之利孰多?断可知矣。"白居易力排众议,给百姓的农田放水。

他环游西湖,发现西湖水浅,蓄水能力有限,逢干必旱,逢雨必涝。他安排人手把原有的一段湖堤加高数尺,增加西湖的库容,再在南北各修数处涵、笕,用以引水和泄洪,保障湖堤安全。

他觉得百姓请水灌溉的程序过于麻烦,需要从乡而县、由县而州衙,一级一级上交陈状,再由州衙将批文一级级下发,等农民拿到批文,水稻都已经干死。白居易通告百姓可以越过县乡两级,直接到州衙要求放水,以免让审批环节耽误农事。

那时的杭州城,水井都是沿江而掘,井中都是钱塘江的咸苦海水,唯有六眼水井是从西湖渗水,可是早已堵塞失修多年,成为枯井。他派人重新挖掘,引来湖水入城,杭州城百姓终于喝上了甘甜的淡水。

为了后人能够有章可循地效法他治理西湖水利,传承灌溉、沦井、通漕的经验,他写了一篇《钱塘湖石记》,"凡放水溉田,每减一寸,可溉十五余顷……余在郡三年,仍岁逢旱,湖之利害,尽究其由"。他是一个诗人、一个官员,也是一个事必躬亲的农业水利专家。

"凌晨亲政事,向晚恣游遨",等这些江山功业完成,这位历史上少有的快活诗人开始了他在杭州的诗酒风月,"半醉闲行湖岸东,马鞭敲镫辔玲珑"……有诗歌会,有歌舞会,苏杭山水间,"两地江山游得遍,五年风月咏将残",那是怎样的步履轻盈啊。"十只画船何处宿,洞庭山脚太湖心",同行的旅伴都装下了十只画船,连家妓都不会少于几十名吧。他务身安闲,舒心欢适,俨然成了江南诗坛的"诗酒主",高兴之余,不忘写信告诉自己的好友元稹,"报君一事君应羡,五宿澄波皓月中"。

朋辈来不及羡慕,连鸟莺都不及这般随性:"遇酒多先醉,逢山爱晚归。沙鸥不知我,犹避隼鹞飞。"

那年春天,白居易们来到了西湖边。此刻鲜花明媚,草长莺飞,闲人如织,正一派美不胜收的春日风景。白居易写下了千古名篇《钱塘湖春行》:

孤山寺北贾亭西,
水面初平云脚低。
几处早莺争暖树,

谁家新燕啄春泥。

乱花渐欲迷人眼,

浅草才能没马蹄。

最爱湖东行不足,

绿杨阴里白沙堤。

诗人在水岸齐平的微波之上,见黄莺在歌、春燕衔泥,见新花迷眼、浅草没蹄。无一物不生动,尽得怡然风流。一处"早"字,一处"争"字,一处"新"字,一处"啄"字,寥寥数字,美到极致。世间万物,原本都是那般存在,风拂雨滋,日照月耀,都改变不了它的本性。唯有走进诗人的灵魂里,从他灵魂里生发出千般美来,就有了包含着形式又包裹着灵魂的美。西湖就这样从物理空间走向中国文化的精神空间,被白居易写进了千百年来的游人心里,西湖开始明媚千年。

他把灵魂之美献给了西湖。

从白居易开始,西湖被诗人题咏,越来越多的诗性美被赋予杭州。

824年初夏,出任杭州刺史不到两年的诗人不得不领命北上洛阳,告别江南,一直以为"未能抛得杭州去,一半勾留是此湖",到如今"处处回头尽堪恋,就中难别是湖边"。走之前,他把一笔官俸留在州府里,用作未来治理杭州的周转基金,"继守者公用不足,则假而复填",一直到几十年后黄巢军队攻入杭州,这笔钱才下落不明。

离开杭州那天夏风习习,惜别依依。面对盛情送行的杭州父老,白居易潸然泪下,写了一首《别州民》:

耆老遮归路，壶浆满别筵。

甘棠无一树，那得泪潸然。

税重多贫户，农饥足旱田。

唯留一湖水，与汝救凶年。

他有千百般的不舍，他有万般的心忧，更有万万般的无奈。放不下，又不得不放下。

在他离开杭州的那一年，他的好友元稹要走了他全部的诗文，整理编辑出了《白氏长庆集》五十卷。

白居易是一个忙碌的朝廷命官，从803年授校书郎开始，直到842年他71岁时以刑部尚书致仕，39年的仕途生涯，志在兼济却行在独善。他积极倡导"新乐府运动"，倡导诗歌"补察时政""泄导人情"，提出了"文章合为时而著，诗歌合为事而作"的文学主张。唐代文学史上，有一脸愁苦的杜甫，一身酒气的李白，唯有白居易的脸上，有深情也有诗意，有家国也有闲适。

他是一个悲悯诗人，"人生一百岁，通计三万日。何况百岁人，人间百无一。贤愚共零落，贵贱同埋没"。因此，他写了《卖炭翁》，写了《观刈麦》，写了帝王的爱情长恨悲歌《长恨歌》，写了天涯沦落歌女的《琵琶行》。在他语言"质而径"、言论"直而切"、故事"核而实"、形式"顺而肆"的诗文里，我们看到了一个用文字与笔墨的歌者，为君，为臣，为民，为物，为事，唯不为文而文。

这样的白居易，长安是容不下他的，唯有江南可以给他一点隐逸。杭州既是他兼济天下的建功立业地，也是他的精神放逐地，独善其身地，"自别钱塘山水后，不多饮酒懒吟诗。欲将此意凭回棹，报与西湖风月知"。离开杭州后的白居易，不再是那个酒歌快意的诗魔。

一年后的825年,他领命赴任苏州刺史。在任期间,他开凿了虎丘到阊门之间的山塘河,在山塘河的背面修建了一条名叫"山塘街"的路。可是,年华不再,"自觉欢情随日减,苏州心不及杭州"。一年之后,他因病去职,从此与江南山水遥遥。

北上之后,白居易多闲居洛阳,有十亩之宅,五亩之园,有水一池,有竹千竿。他说,"勿谓土狭,勿谓地偏。足以容膝,足以息肩"。他已经没有步履山河的力气,好在笔端不止,那一年,他写下脍炙人口的《忆江南》三首:

其一
江南好,风景旧曾谙。日出江花红胜火,春来江水绿如蓝。能不忆江南?

其二
江南忆,最忆是杭州。山寺月中寻桂子,郡亭枕上看潮头,何日更重游?

其三
江南忆,其次忆吴宫。吴酒一杯春竹叶,吴娃双舞醉芙蓉,早晚复相逢。

篇篇江南,明净悠远,白居易为江南倾注了无限深情,他把自己的灵魂倾进了江南,白居易成为咏诵西湖锦绣诗篇最多的诗人。

从白居易开始,不管你以什么样的形式迷恋江南,诗性的深情,成为天下人对江南的情感基色。每个人的心中都有一首被千万人品味过,但从未定格过的《忆江南》,诗歌里那些跃动的意象成为中华民族最具深情和诗意的文化符号。

"古迹重湖山,历数名贤,最难忘,白傅留诗,苏公判牍;胜缘结香火,来游福地,莫虚负,荷花十里,桂子三秋。"灵隐寺大雄宝殿里的这副对联,说尽了此间的江山与风月,最忆还是杭州。

在载歌与忧患之间

1071年秋，36岁的苏东坡惜别胞弟苏辙，第一次来到杭州，担任杭州通判。那时候他还叫苏轼。因为多次上书痛陈新法的弊病，成为宰相王安石的"眼中钉"，让人在宋神宗面前说了坏话。为了远离政治斗争的旋涡，一身浩然之气的苏轼孤雁南飞，遇见了诗情画意的杭州。

"我本无家更安往？故乡无此好湖山。"这是中国历史上一个人与一座城、一汪湖最浪漫的相遇，有山水依依，有名妓楚楚，有高僧慈悲，更有深情款款。

笔力广阔的他一生写下了约4000首诗，却有453首写西湖，一生悲欢愁苦，唯有到了这里，大多是山山水水的缱绻。他把澎湃的诗情，都倾泻在了西湖的清波里。

苏轼可不是一个只知乐山乐水的诗人。他一腔儒士济世的理想，从离开四川眉山那一天起，羁宦千万里，觅封侯，取富贵，更多的是山河梦、天下事、生前身后名。可惜来杭州时就是个通判，辅佐知州掌管粮运、农田、水利和诉讼等事项的副职，苏轼难以施展太多的政治抱负。

1074年，苏轼离任，他把一首诗留给天下人吟诵："水光潋滟晴方好，山色空蒙雨亦奇。欲把西湖比西子，淡妆浓抹总相宜。"

从此再无人对西湖吟出过更好的诗，那点淡妆浓抹，藏进了一代又一代中国人的诗情里。

他带走了一个能琴瑟和鸣的歌妓王朝云，从此纵是天涯海角，再无需知己，王朝云抚慰了苏轼一辈子。

15年后的1089年，54岁的苏轼再次回到杭州，任杭州知州。

这中间，苏轼经历了他人生中至暗的日子，几赴鬼门关。

首先是"蝗旱相仍，盗贼渐炽，狱讼充斥"的密州。去密州的路上，就是一路的"孤馆灯青，野店鸡号，旅枕梦残"。在密州，苏轼甚至靠枸杞和菊花充饥。他亲自下田灭蝗，登常山求雨，恩威并举治盗，泪眼婆娑见过城外被遗弃和饿毙的儿童，收养了几十个失家的孩子。作为官员，他竭尽全力收拾天灾人祸的密州烂摊子；作为诗人，"寂寞山城"引发苏轼无限的离愁，有深情悼亡妻的"十年生死两茫茫"，有中秋抒怀念手足的"明月几时有"，有打猎归来的"老夫聊发少年狂"，有休对故人思故国的"且将新火试新茶。诗酒趁年华"，每一首都写成了千古绝唱。

1087年7月，苏轼知徐州。3个月不到，就遭遇了黄河水灾。"河决曹村，泛于梁山泊，溢于南清河，汇于城下，涨不时泄，城将败……"洪水从河南泗奔流浑到了徐州,徐州45个州县被淹没。苏轼说,"吾在是,水决不能败城",他亲荷畚锸,布衣草履,率领军民与洪水奋战了一个半月,终于让洪水回到旧水道。而他之前的徐州官吏,竟有因治洪不力畏罪自杀的先例。洪水过后,他继续带领军民修建防洪大堤,重建石头城墙,并在城墙上修筑黄楼。苏轼励精图治,抗旱灾,勘查煤炭解决百姓柴薪短缺困难,冶铁造兵器,深得百姓爱戴。徐州的老百姓说,"古彭州官何其多,千古怀念唯苏公",至今徐州百姓还一口一个咱们"老知州"说苏轼。在徐州的任期,也被称为"黄楼"时期。

一年多后,苏轼陷入了闻名历史的"乌台诗案"。1079年,苏轼调任湖州太守,才上任,就因为诗文中有一些讽刺新法的句子,遭到御史何正臣等人的指控。他入狱103天,作为保守派与变法派斗争中的一员,"乌台诗案"让他差点被判了死刑,因"圣朝不宜诛名士",苏轼才幸免于死。"乌台诗案"对苏轼积极入世的儒家理想造成了致命性打击,他被贬黄州,担任团练副使(相当于今天县武装部副部长)。

那个曾经的社稷之才苏轼,成了戴罪之身的苏东坡。

"轼"是车前的扶手,扶危救困,不可或缺。他就是个朴拙之人,于国家,于人,于事,都用情至深。到了黄州,再无苏轼,只有东坡了。

在友人的帮助下,得东坡荒地一块,垦荒种菜,麦庶青苗,"再拜谢苦言,得饱不敢忘"。这不是陶渊明的"种豆南山下,草盛豆苗稀",苏东坡的黄州,是穷途末路,是数米而炊,是疾病瘦身,是时刻都有革新派政敌追杀诽谤之危。

东坡,在苏东坡的生命岁月中,离乡亲之远,距庙堂之遥。

● 西湖苏堤边上的苏东坡像。
正直、慈悲、旷达、进取的苏东坡在凡尘中做最难的修行。

曾经的政治忧患，已经被身世之累和现实之困取代，于是有了更加深远宏阔的人生忧患，"万事到头都是梦""百年里，浑教是醉，三万六千场""身外倘来都似梦""人生如梦"……

晚年的苏东坡路过镇江金山寺，在自己的一幅画像中题诗："心似已灰之木，身如不系之舟。问汝平生功业，黄州惠州儋州。"多少辛酸，多少怨诉。

他开始以"东坡"自号，后面还加了"居士"二字，曾经是一门心思的儒家理想，渐渐掺和进了释和道的思想。如果再不给窘迫的现实生活一点宽阔的精神慰藉空间，那就不见得只是传几次病逝的死讯了，苏东坡真的就死了。

只因食物短缺，他开始嗜吃起来。黄州，培养了一个美食家苏东坡。万事万物，都是旷达诗人自娱的对象。本来只可以苟且的人生，苏东坡却越活越洒脱。

苏东坡终究还是那个苏轼，他说，"虽废弃，未忘国家虑也"。于是，有《赤壁赋》《后赤壁赋》和《念奴娇·赤壁怀古》。

于是，又再次遇见杭州。

1089年，54岁的苏东坡来到了杭州，任杭州知州，华丽转身。

这一次，他有足够的权力施行仁义、济世苍生了。

京杭大运河与钱塘江交汇，钱塘江的水把淤泥都带进了杭州城内的运河，咸潮倒灌，沿河斥卤。每四五年，杭州城都要清理淤泥，否则河床升高，影响船运，清理的淤泥脏乱不堪。苏东坡想办法把钱塘江的水先引进入口稀少的茅山运河，经过茅山运河的沉淀，再流到杭州城内运河的水就干净了，一劳永逸地解决了运河的水深不足问题。苏东坡还修建水库，用陶瓷代替竹子管道，把贯穿城市中心的盐桥运河与西湖连接，与江潮隔绝,解决了杭州城的淡水稀缺问题。

杭州是"水陆之会,疫死比他处常多",苏东坡拨出官银2000贯,自己捐出黄金50两,用作基金,在众安桥修建了一个医院,取名安乐坊,这是中国最早的公立医院。还搭建粥棚,为穷苦病人煮粥,给无钱治病的人免费看病熬药,并亲自配置"圣散子"药方,广施穷人。

备粮赈灾,苏东坡更是亲力亲为,不遗余力。

当然,在所有的政务中,最为后世念叨的,是再造西湖。

"杭州之有西湖,如人之有眉目,盖不可废也。"当苏东坡再来杭州时,西湖葑草重生,淤塞已经占二分之一的面积了。苏东坡对此忧心忡忡,上书高太后,说如果再不治理,20年后无西湖,杭州人无淡水可吃。而杭州作为全国酿酒业最为发达的城市,西湖一废,整个酿酒业必将无以为继。

饮水、灌溉、航运、酿酒、城市景观……都与西湖息息相关。苏东坡开始组织清淤,可是海量的淤泥怎么清运出去呢?可爱的苏东坡想了一个法子,即堆在湖中间,做一条长堤,既解决了垃圾问题,又缩短了南北岸之间的距离,于是有了"苏堤春晓"。

他在苏堤上修建了6座通水通船的石桥,于是有了"六桥烟柳"。

他在西湖划定了一个三角形区域,规定不准种菱角,却修了三个石塔。明代的一位县令在当初三个石塔的位置处重建了三个石塔,于是有了"三潭印月"。

为了犒劳工人,苏东坡亲自烹饪猪肉,以姜葱垫锅底,酱油、糖、酒齐上,文火焖熟,于是有了著名的"东坡肉"。

西湖既成,苏东坡围着西湖登山饮茶,遍访名僧,宴饮酬唱,是"朝见吴山横,暮见吴山纵",把诗情遍洒杭州,载歌载舞中,凝聚起江南文化最有诗性的部分。正是这种诗性,让杭州成为历代文人的精神故乡。

林语堂在《苏东坡传》中写道:西湖的诗情画意,非苏东坡的诗思不足以极其妙;苏东坡的诗思,非遇西湖的诗情画意不足尽其才。

苏东坡自己也有诗云:"居杭积五岁,自忆本杭人。故山归无路,欲卜西湖邻。"

不合时宜的苏轼,留下了繁华杭州;独弹古调的苏东坡,留下了诗性杭州。

台湾学者余光中说过,"如果出去旅游,我不选李白,太浪漫,不负责任;也不选杜甫,苦哈哈的;要选就选苏轼,他是一个很好的朋友,一个有趣的人"。

因为正直、因为慈悲、因为旷达、因为进取,苏东坡在凡尘中做最难的修行,不断地走,直到把自己走成一道千古风景。

人生修行应在杭州,因为杭州有苏东坡。

大海洋洋，忘记爹娘

晚清的宁波三江口，余姚江、奉化江汇流成甬江。

这里注定是一个上演离愁别恨的地方。

1901年，29岁的邵玉轩拖家带口一起坐船去了上海。在黄浦江边，他把一块"锦泰昌"的牌子挂在了门店上，开始做起了颜料生意。

上海，这个1843年开埠的东南都会，60年来已经形成了买卖天下的架势。

上海的崛起，一半靠的是"宁波帮"。

邵玉轩只是一个普通的跟潮儿。他有五男三女八个子女，都是仁字辈。1907年，他的第六子出生，取名邵仁楞，后来大家都习惯叫他邵老六、六老板。

邵玉轩凭借浙商的敏锐眼光和脚踏实地的作

风,很快让"锦泰昌"的生意风生水起。他支持孙中山革命,在上海滩大小算得上个人物。

一次偶然的机会,邵玉轩去戏院看西洋镜,他觉得刚刚舶来中土没多久的西洋镜有商机,这为日后儿子们在电影业的发展写下了注脚。

可惜 1920 年,48 岁的邵玉轩病逝了。

1918 年 11 月,宁波镇海的钟包村,距离邵玉轩的老家朱家桥镇三四里路的地方,"青天老爷"包拯的第 28 世嫡孙包兆龙,在寒风凛冽中匆匆从汉口赶回了老家。他的第二个儿子降生了,妻子分娩生子,对一个小商人家庭而言,自然是大事。他给这个儿子取本名包起然,希望他像火一样越烧越旺。

包兆龙常年在汉口开着一家鞋铺。兵荒马乱的年代里,他在外地辐铁必挣,妻子陈赛琴在老家营守薄用,维护着三子四女的吃穿用度。

在中国政治风云变幻的 20 世纪 20 年代,包起然在浙东农村里平安成长。

邵家的几个儿子已经在上海滩施展拳脚做开了。父亲的逝世多少有点使得家道中落,经济状况大不如前。1922 年,在南北各地经营 30 多家商号的邵玉轩长子邵醉翁买下了一个名叫"小舞台"的娱乐场所,改名为"笑舞台",主要排演舞台剧。他有两个业务骨干——张石川和郑正秋,都是中国电影史上叫得响的人物。但张石川和郑正秋很快离开"笑舞台",加入明星影片公司。在明星影片公司的激励下,1925 年,邵醉翁也成立了一家名叫天一的影视公司。邵仁楞放弃中学学业,开始和大哥一起创业,摆弄电影拍摄的各个工种,他还挖掘了一个名叫胡蝶的中国早期著名电影明星。

中国早期电影业是一个快意江湖。天一公司拍片速度快，拍摄古装片薄利多销，挤占了明星公司不少市场。1927年，明星公司联合大中华百合、民新、华剧、友联等六家公司组成六合影片营业公司，规定发行商如果和六合合作，就不得购买天一的影片，还通过拍摄与天一公司拍摄的同名影片来试图挤垮天一公司，中国电影史称此为"六合围剿"。

国内的厮杀让邵醉翁不得不向海外寻找退路。他让弟弟邵仁枚带着拷贝，离开黄浦江码头，开始跨过茫茫大海，突围南洋。没几个月，邵仁枚给上海发去一纸电报："局面已开，仁楞速来。"邵仁楞听从大哥们的安排到了南洋，由此一起打造邵氏影业的南洋基业。

"天一"没有被挤垮。那一年，一个名叫董瑞昌的宁波商人，却在上海滩遭遇巨大挫折，决定回老家发展。

董瑞昌16岁的儿子董浩云执意留在上海，通过就业考试，成为航运训练班的一名学员，结业后很快成为天津航运公司的员工。这个刻苦学习的小伙子，既精通航运生意，自学英语与外商打交道，又精通船务，很快取得了船东，也就是宁波帮中的航运先驱顾宗瑞的认可，董浩云与顾宗瑞的女儿顾丽真很快相爱了。做了乘龙快婿的董浩云自然提升很快，这当然更得益于他杰出的处事能力。1931年，他就当上了天津轮船同业工会常务理事。

1931年，已经成长为翩翩少年的包起然决意去汉口求学，他面朝大海，孤身远行。也是那一年，在东北发生了一个大事件，改变了整个中华民族的生活，带来了无尽的离殇。

这时候的邵仁楞,已经在南洋打拼几年了,他和三哥邵仁枚扛着放映机,在新加坡和马来西亚走村串户,刷海报,搭帐篷,流动放映"帐篷电影"。白天狠毒的太阳和晚上硕大的蚊子,是邵仁楞兄弟俩在南洋的光辉岁月中最值得铭记的两样东西。

艰难的漂泊,让邵仁楞拥有了一个非常贴切的英文名字——"run run shaw",跑啊,跑啊,那是那个时候的邵仁楞。

1931年,对邵仁楞来说也是一场浩劫,一场浴火重生。这一年,他独自乘船去美国购买有声电影器材。无声电影被有声电影取代已经成为不可逆转的潮流,未能拥有有声电影拍摄技术的邵氏影业遭遇巨大的生存困境,为了救市,邵仁楞独自前往美国。想不到快到美国西海岸时,轮船触礁沉没,邵仁楞抱着一块木板,在大海上漂了一天之后才被救了上来,九死一生。

1932年,邵仁楞拍出了中国电影史上第一部有声电影《白金龙》,这部几乎是拿邵仁楞的命换来的影片,成为20世纪30年代第一部,也是最卖座的粤语片。邵氏影业迎来了第一个顶峰,很快在东南亚一带拥有139家电影院和9家娱乐场所,声名显赫。这一时期,也是中国电影的繁荣期。

但整个中华大地,已经笼罩在战争阴云下。

董浩云在天津发展航运业,举步维艰。为了维护国航,他高举"自船、自货、自航"大旗,在夹缝中与外国势力争夺中国民营航运的航权。

1935年,董浩云夫妻俩回到上海,独立门户拓展航运事业。这个24岁的青年,期望在岌岌可危中,调节和联合中国所有航运公司,与资力雄厚的外国航商抗衡。他向交通部部长呈送了

《整理全国航业方案》,建议官商合办中国航运信托公司。

可惜没有得到回应。1937 年,董浩云只好自己成立了中国航运信托公司,邀请杜月笙担任董事长。

炮火很快烧到了上海,淞沪成为日军进犯中华的重要起点。在南黄浦口,一艘艘商船自沉海底,以极悲壮的方式阻止日本军舰登陆……董浩云壮志未酬的航运业就此遭受灭顶之灾,他举家搬迁到重庆,一躲就是 5 年。

邵氏兄弟在东南亚遭受了同样命运,兵荒马乱,暗无天日。邵仁楞以"拍摄反日电影"的罪名被抓进了日本人的大牢,一百多家影院被日本人没收,他们在狮城煎熬过了最黑暗的日子。

比邵仁楞小 11 岁的包起然,早已离开了父亲的布鞋业,在外资保险公司学习金融保险业务。抗战时期,他辗转于武汉、重庆、昆明、衡阳等地的数家银行和保险公司,靠勤奋磨炼出来的才华慢慢显露出来。

1941 年,董浩云选择去了香港,重组中国航运信托公司,轮船悬挂英国国旗出海运货。可是太平洋战争爆发,英国也成为日本的敌对国,董浩云艰难重建的香港公司被当作敌产没收,这一年他 30 岁。

1945 年,包起然到了上海,汪伪政权倒台,国民政府接管上海金融业,上海市立银行成立,急需大量金融人才,包起然担任上海市立银行副总经理。朝着这个轨迹下去,他注定会成为叱咤金融界的大亨。这一年他 27 岁。

1946 年,以大海为梦乡的董浩云在香港成立"中国航运公司",董氏船队正式向着"世界船王"起航,从此顺风顺水,直挂云帆济沧海。

十四年抗战，没有打垮中国人的信心。四年内战，让很多人失望了，通货膨胀超过了银行家包起然的认知，他卷起包袱，和家人去了香港。1955 年，37 岁的包起然买下一条 28 岁航龄的旧货船，和他的同乡董浩云一样，开始了远洋航运事业。

两年后的 1957 年，邵仁楞离开了他奋斗 30 年的南洋，也来到了香港。

香港的崛起，一半靠的就是这些宁波帮。

知天命的年岁，邵仁楞开始邵氏影业在香港的崛起，"东方好莱坞"正式起航，1000 多部影片，几乎让香港今天全部的知名影视演员都在邵氏的影视王国中找到了自己的角色。还有无线电视 TVB，主导整个香港的电视业。他创办了"香港小姐"选美大赛，赵雅芝、李嘉欣、张曼玉、蔡少芬、李若彤、钟楚红、邱淑贞、袁咏仪、黎姿……邵氏女神让整个 20 世纪的香港眼波流转风情万种，邵仁楞成为香港娱乐业的代名词。

23 年后的 1978 年，包起然拥有船只 210 艘，总载重吨位超过英美两国所有船只载重的总和，世界船王包玉刚的名号，响彻了整个世界。

1984 年 10 月，阔别家乡 40 多载的包玉刚回到宁波，第二天就参观北仑港，全力反哺宁波。如今，以北仑港为核心的舟山港，已经成为货物吞吐量全球第一的大港。

后来，香港回归被提上历史日程，包玉刚和所有宁波帮一起，为香港顺利回归周旋于中南海和英国唐宁街十号之间，时任英国首相撒切尔夫人与伟人邓小平身旁，常常出现包玉刚的身影。

1997 年香港顺利回归,董浩云的长子董建华被选举为香港首届特别行政区行政长官,这是董浩云给香江和祖国最重要的奉献。20 年后的 2017 年,林郑月娥出任香港第五任行政长官,她的祖籍也是浙江宁波。

早在中学时,邵仁楞就给自己去了一个号叫逸夫。今天,3 万多座逸夫楼密密麻麻地分布在祖国的每个角落,有人戏称,百度地图上,只有加油站比逸夫楼多。1987 年,80 岁的邵逸夫第一次回到宁波老家,乡音未改,味蕾没变,他还是喜欢奉化芋艿头和菜蕻干。

狂澜犹如通衢,无数宁波人,从海上寻找通向世界的路,成就每个人的天地穹宇。

邵逸夫、董浩云、包玉刚,他们是宁波帮中的几个代表性人物,这样的大人物还有一长串。宁波帮更多的小人物,历史没有给他们留下太多注脚。

那时的宁波,地少人多,"宁波熟,一碗粥",以商补农的思维流淌在宁波人的血液中,灿烂的河姆渡文化没有给他们带来丰衣足食的现世图景,先民黄宗羲早就提出"工商皆本"的思想为他们背书。

好在,这里有一条好海港,南北海运在这里交接,海运和内陆河运在这里转口。从这里开始,南方岸陡水深的石质海岸线换成了北方滩阔潮平的泥质海岸线。

于是,在土地上找不到生活的宁波人,常常摇着一条沙船,从宁波转入内河,连接钱塘江,依靠京杭大运河通达南北,做起了买卖。宁波,很快成了"万商之渊",百万商业移民离家远行的包袱里,一半是乡愁,一半是梦想。

他们的嘴里清唱着"大海洋洋,忘记爹娘"的民谣,劈波斩浪地出海了。

他们血管里流淌的,一半是大河文明,一半是海洋文明。

他们靠着一把剪刀缝制出了中山装,靠着一套羊角锤和一个坩埚打制出了老凤祥,靠着一手中医药方创办了同仁堂……

只不过,他们中的一些人没有想到,在踏上码头的船板之后,他们细微的人生,会与近现代宏大的历史交互,成为国家故事的一部分。

1916年,孙中山说:"凡吾国各埠,莫不有甬人事业,即欧洲各国,亦多甬商足迹,其影响与能力之大,固可首屈一指也。"

1984年,邓小平说出了一句让宁波帮热血沸腾的话:"把全世界的宁波帮都动员起来,建设宁波。"

无数人泊岸归家,回到宁波。这时候,辽阔深邃的星空中,已经有四颗以宁波商人命名的小行星光照寰宇。

早在明初,开国皇帝朱元璋希望"海定而波宁",就把这块东海之滨命名为"宁波"。到了今天,宁波终于波宁而富足。

盛德有范·齐家篇

传家二字,曰耕与读;兴家二字,曰勤与俭;安家二字,曰让与忍。

东山谢氏

公元311年，西晋都城洛阳被匈奴攻陷，史称永嘉之乱。一个名叫谢衡的太子少傅率领族人南渡，跋山涉水来到会稽始宁县东山，在此定居了下来。当然，西晋的整个统治集团也南迁了，史称"衣冠南渡"。

谢衡堪称曹魏时期的大儒，曾任太子太傅，就是太子的老师。他的两个儿子，长子谢鲲，次子谢裒，一个官至镇西将军，一个官至吏部尚书。

做官，似乎成为谢氏家族的不二选择。谢家的先祖早就从一般的官宦之家盛衍到世代为官的士族之家，堪称六朝名门世族。

可是，谢衷的三子谢安选择了与谢氏先辈、兄弟完全不同的道路，他在东山筑庐遁世，蛰居山林，多次谢绝朝廷的征召。

谢安的伙伴有王羲之、许询、支道林等名士，他们游山玩水、写字吟诗，清谈玄理，在行草中图个潇洒超脱，远离朝廷，扬名乡野。

王羲之的《兰亭集序》，就是与这般几十个人，在会稽山阴的兰亭雅集，饮酒赋诗，曲水流觞，写就的天下第一行书。

一直到四十岁，谢安都是个个性洒脱爱自由的主儿，风流倜傥，口才也是"向客亹亹，为来逼人"，好得不得了。

41岁，谢安出山了。这一年是公元360年，他开始从政，历史上有个成语叫"东山再起"，说的就是这事。

于国，东晋王朝内忧外患，一派刀光剑影。王羲之有言，"今外不宁，内忧已深，天下土崩之势"；江湖有言，"安石不肯出，将如苍生何"。

于家，东山谢家这时候出了点麻烦：哥哥谢尚、谢奕先后病逝，弟弟谢万领兵打仗失败，被罢了官职。为了维护谢家门庭，他该出仕了。

谢安首先做的就是大将军桓温的司马。12年后，也就是公元372年，东晋简文帝想把江山禅让给权倾朝野的桓温，已任侍中的谢安和同僚王坦之极力劝阻，皇帝才把司马曜立为太子。

到手的江山岂能让两个小人物薅回去？东晋一号实权人物桓温挥师建康（今南京，曾为东晋首都），要拿两个坏了他篡位计划的人问罪。谢安到城外桓温大帐会见桓温，淡定吟出"浩浩洪流，带我邦畿。萋萋绿林，奋荣扬晖。鱼龙漰濊，山鸟群飞。

驾言出游,日夕忘归。思我良朋,如渴如饥。愿言不获,怆矣其悲。"嵇康这首表达朋友之情的诗也许触动了桓温的恻隐之心,桓谢两家世交,桓温放过了谢安。

公元383年,前秦苻坚亲率百万大军南犯,东晋遭遇了古代战争史上的最强兵力,人心惶惶。宰相谢安从容不迫,他举荐了两个人,一个是自己的亲侄子谢玄,一个是桓温的弟弟桓冲,然后他选择了一个地方,叫淝水。两个人,一个是亲侄子,一个是仇家,都是举贤大忌。淝水之战,谢玄的八万精锐对阵百万敌军,选择河边打仗,也是大忌,可就打胜了。原来谢安看到了苻坚大军虽然号称百万雄师,可是内部缺乏凝聚力,遂决定在淝水边上打仗,以故意麻痹苻坚。苻坚答应后退让出阵地,在卧底"秦军溃败了"的喊声中,苻坚的大军溃败如决堤。

淝水之战后,东晋把边境线推到了黄河地界,并且数十年间再无外敌入侵。也产生了"风声鹤唳""草木皆兵"两个成语。

"为将之道,当先治心",谢安的淡定、从容,永远是历史中最值得肯定的回响。

谢安成了东晋的英雄,历史学家张舜徽称他是中国历史上有雅量有胆识的大政治家,赢得后世无数的赞誉。这其中,最崇拜谢安的,莫过于李白。

李白三次登临东山,写下十五首诗,此外,更有许多诗中直接点到了自己的偶像谢安:"东山高卧时起来,欲济苍生未应晚""安石在东山,无心济天下。一起振横流,功成复潇洒。"

诗人刘禹锡也有一首流传千古的诗,留作后世对谢安的想象:"朱雀桥边野草花,乌衣巷口夕阳斜。旧时王谢堂前燕,飞入寻常百姓家。"

东山谢氏

南京秦淮河畔的乌衣巷,成了东山谢家最恢宏的象征。

当然,谢家的风景不止这些。

谢安还有个侄女,名叫谢道韫。有一次,谢安问儿子、侄儿、侄女们,这雪花像什么呀?众人纷纷回答,谢道韫只说了一句"未若柳絮因风起"。就是这句诗,让她与汉代的班昭、蔡文姬等人并列中国古代才女的代表,成语"咏絮之才"正是出于此典故。

祖宗们留下了文治武功,到了谢玄的孙子谢灵运这里,只剩下了文采。他是个无心官场、喜欢游山玩水的主儿,一玩,就玩出了中国"山水诗鼻祖"的称号。

江山流转,东山谢氏的文脉一直流传。当代比较知名的有谢安的53世孙,著名导演谢晋。

听说本名谢婉莹的作家冰心,也是东山谢氏的后裔。

永和九年的那场聚会

公元316年，匈奴兵攻入长安，昙花一现的西晋王朝灭亡，中国历史进入了至暗时期。

世居山东临沂的琅琊王氏家族收拾家当，举族汇入衣冠南渡的浩浩行旅。他们选在会稽定居，与东山谢氏毗邻而居，世称"会稽王谢两风流"。

琅琊王氏，是中国古代顶级的士族门阀。秦灭六国，齐、楚、燕、赵、魏五个国家都是王翦、王贲父子带兵所灭，这是琅琊王氏最早的名将，他们完成了一个宗族最早的基业。

王贲之孙王元避秦末之乱，迁居琅琊，开始了"华夏首望"数百年的荣光。琅琊王氏从西汉开始，官宦延绵，到了魏晋时期，出现了"二十四孝"之一——"卧冰求鲤"的王祥、"二十四悌"之一——"王览争鸩"的王览两兄弟。兄弟两人塑造了整个王氏的家风,那就是"夫言行可覆,信之至也;推美引过,德之至也;扬名显亲,孝之至也;兄弟怡怡,宗族欣欣,悌之至也;临财莫过乎让。此五者,立身之本"。

兄弟怡怡,宗族欣欣,琅琊王氏的族脉就是在这种文化基因的强势滋润下根深蒂固、恣意生长。

永嘉之乱,胡狄遍地。衣冠南渡后,以王览的孙子王敦、王导为首的士族集团在南京拥立晋室残存势力——琅琊王司马睿称帝,建立东晋。因为这"从龙之功"、"王与马,共天下",王氏家族堪称第一望族,执东晋之牛耳,占据了东晋朝廷大半的官职,冠冕不绝,苦心经营着偏安一隅的东晋王朝。

时间过得真快,南渡时还是舞勺之年的王羲之转眼就年过半百了。当初说"素无廊庙志"的他当过秘书郎,当过会稽王友,当过征西将军参军、长史,当过临川太守,当过宁远将军、江州刺史,当过护军将军、会稽内史……一直惦记着要北伐"克复神州"的东晋王朝,颇多武将,而王羲之这样的文人也不例外,手握重兵。

可他厌倦了公务烦冗,他内心柔软,至情至性。

在他尚是少年时,父亲王旷领兵三万前往山西,意图收复被匈奴人占据的上党郡,却遭遇全军覆没,父亲也未知散失在阴间或是阳间。

祖坟被燕军所挖,他悲愤丧乱至极,因为未能奔驰回乡去修整,所以"号慕摧绝,痛贯心肝"。

姨母去世,他"顿首、顿首,顷遭姨母哀,哀痛催剥,情不自胜",他只有通过笔下书法表达自己"奈何奈何"。

世间没有奈何桥,只有一曲流水。已过知天命之年的王羲

之,六根清净,六尘不改。

好在有会稽的山山水水、江南的明媚流光,始终温暖着他,那些情趣盎然的白鹅,都是他的最爱。

永和九年,即公元353年,三月初三,应该是春风拂面,满地暖阳吧。

会稽内史王羲之邀约了晋代贵族谢安、孙绰等42人来到兰亭修禊。这是一个从周代开始就有的远古节日,夏历三月的第一个巳日,即上巳日,到水滨嬉游祭祀,祈福消灾。春天里万物生长,易生疾病,大家在水上洗濯,去宿垢,为大洁。

修禊或许只是一个世俗的由头,亲朋相聚才是正事。魏晋讲究门阀,来兰亭聚会的都是东晋王朝的显贵,王、谢、袁、羊、郗、庾、桓等大家族都聚齐了。王羲之带了儿子王献之等10人参加,谢安带了谢家的5个人参加,真是"群贤毕至,少长咸集",无别崇卑。

事实上,不论是在是否北伐问题上,还是在东晋政权内部的博弈中,这些大家族政治势力之间都存在明争暗斗。

王羲之这一约,约出了旷达。人间世,从来都是先旷达,后风雅。

那个时代的人,大抵都比较旷达吧。王羲之的岳父、当朝太傅郗鉴选女婿,跑到王导丞相的家族里挑选。在一溜"咸自矜持"的后生中,他选中了在床上坦腹卧读的王羲之,认为王羲之豁达而文雅,于是有了"东床快婿"的典故。

兰亭的一觞一咏,畅叙幽情,竟然成为中国历史上最风雅的文人集会。修禊仪式后,大家坐在早就安排好的曲水两旁,水渠里放置酒杯,任其顺流自然而下,停在谁面前,谁就信手取来饮,这就是曼妙到了极致的"曲水流觞"。

无酒不集,无诗不雅。集会的 42 人中,多是右将军、左司马、行参军、散骑常侍、参军、镇军司马等武将,可是有 11 人写了两首诗,15 个人写了一首诗,其他 16 人没有作出诗来,自罚三杯酒了事。

37 首诗汇结成集,酒意正浓的王羲之挥毫落纸,文采灿烂、遒媚劲健的天下第一行书《兰亭序》就这样凝墨成章,成为中国书法史上不可逾越的巅峰。全篇 324 字,自然的造化、人生的俯仰,都在随心所欲的走笔中透出不滞于物的精气神,文中 21 个"之"字,神态各异,每一个字都走进了他的灵魂。

那年那天的每一次握杯,每一次运笔,每一次吟诵,甚至每一声慨叹,每一声长笑,都是一种文化符号,充满了艺术与人生的丰满意蕴。当年越王勾践遍种兰花的兰溪,终于流溢出传世芬芳,以一种"魏晋风度"的文化风格,以集,以诗,以书法的形式,成为历代文人士族的集体性记忆。

从此,每一个文人心中,都有一座兰亭。

"长恨营营忘本真,雅集可以洗心尘",中国历史开始有了越来越多的这样纵情泉石、游心诗酒的雅集,优雅而得体,集合着"雅境、雅人、雅事、雅兴、雅艺",成为传统中国社会艺术教化的文化程式。

"山阴坐上皆豪逸,长安水边多丽人。"苏轼这样说,他一直追慕能有这番境界,能有这样一场"兰亭雅集"。那一年,在驸马王诜的大庭院中,"自东坡而下,凡十有六人,以文章议论,博学辨识,英辞妙墨,好古多闻,雄豪绝俗之资,高僧羽流之杰,卓然高致,名动四夷"。这是历史上有名的西园雅集。1076 年三月上巳日,苏东坡在密州城南河边的会流杯亭与友人修禊,遥想当年兰亭雅集,慨叹"官里事,何时毕。风雨外,无多日。相将泛曲水,满城争出。君不见兰亭修禊事,当时坐上皆豪逸。到如今,修竹满山阴,空陈迹"。

多年以后,有一位名叫宗白华的美学家这样说,"'竹林之游''兰亭禊集',把玩现在,在刹那的现量的生活里求极量的丰富和充实,不为着将来或过去而放弃现在价值的体味与创造……美的价值是寄于过程的本身,不在于外在的目的"。

这是《兰亭序》真正的美处,不管你是否会弄墨,它都是一种人格呼唤。

钱塘钱

一个江南千年望族,始自一个乡野男孩的侥幸存世。

852年3月10日,杭州临安县石镜乡大官山下的钱坞垅,一户渔夫家生下了一个相貌奇丑的男孩,父亲想把他丢进井里,被奶奶留了下来,所以男孩小名就被唤作"婆留"。

小婆留自幼好武,善射箭,没事的时候贩盐为生。

他遇见了一个唐末乱离、五代"干戈扰攘"之秋,时代为英雄提供了用武之地。

875年,婆留23岁。浙西有地方官王郢拥兵作乱,婆留加入地方军阀董昌的军队,平定了王郢叛军。

三年后,婆留又参与平定了几个小叛乱,开始获得军职。之后有黄巢起义军进犯临安,有地方军阀刘汉宏作乱,婆留均以少敌多、虚张声势,一一平定,乱世成就了婆留的战功英雄名。

887 年,35 岁的婆留成为杭州刺史,但他依然没有过上现世安稳的生活。军阀割据、混战不断,直到 895 年,当初招他入伍的董昌在越州(绍兴)自立为帝,还给他封了个两浙都指挥使,想拉拢他。

他不答应,先是力劝董昌不要与中央政府为敌,再是奉命率军进攻,发动杭越战争,粉碎了董昌的帝国梦,自此威名赫然,霸业隆矣。

唐昭宗为此钦赐他"金书铁券","恕卿九死,子孙三死。或犯常刑,有司不得加责"。免他九死、子孙三死,能得到这样的免死金牌,连乾隆皇帝都觉得稀罕,下江南的时候都要特意去看看这道"金书铁券"。

907 年,大唐日落西山。

唐朝被朱温灭,后梁建立,留婆被册封为吴越王。923 年,他再次被册封为吴越国王,一切礼制均按照皇帝的规格来设立。一个渔家丑儿终于登上了权力的最高宝座。

婆留就是吴越国的创立者钱镠。

一个从战场上成长起来,习惯征战杀伐的君王,在群盗如毛、四方鼎沸的五代十国时代,本可以实现更大的野心,获取更多的领土,甚至在这个乱世奇局中问鼎华夏。可是他放下了兵戈,没有染指中原的政权争夺。他说:"民为贵、社稷次之。免动干戈,即所以爱民……"

他安安心心主政杭州,保境安民,筑捍海石塘,广杭州城,大修台馆。善政惠泽整整四十年,于是钱塘富庶盛于东南,吴越气象蔚然成形。

他打下了锦绣江南最初的根基。

他安心让两浙成为和平乐土、沃壤平原,吴越百姓"至于老死不识兵革"。

大宋统一之际,吴越国末代统治者钱弘俶拱手将一家的权力交割,实现了整个江南的平安共荣。

一百多年后,苏东坡来到杭州,"吴越地方千里,带甲十万,铸山煮海,象犀珠玉之富,甲于天下",对钱镠及其后人的政绩钦佩有加。

钱镠还是个温情柔软的丈夫,他曾给妻子钱王妃写信,一句"陌上花开,可缓缓归矣"惊艳了千古。苏轼以此为题就写了三首诗,历代文人以"陌上花开"为意象写下了太多诗文。

因为感念钱镠,北宋朝廷《百家姓》第一句就是"赵钱孙李",把皇姓"赵"作为第一姓,"钱"为第二姓。

932年,钱镠病逝。去世前,他留下一篇《武肃王遗训》,"子孙虽愚,诗书须读""兴启蒙之义塾,设积谷之社仓"。从读书修身开始,《武肃王遗训》写下了有关个人、家庭、国家的行为规范,立为后世楷模。

他没有想到,一本薄薄的家训会为钱氏家族成为千年望族打下根基。每个朝代,都有钱氏子孙封侯拜相。

时间往后推整整一千年,二十世纪三十年代,这个时候的中国,也是战乱不堪,国将不国。一个受聘于北京大学的史学家钱穆,钱镠的第34世孙,怀着一颗亡国之心,以笔为枪,开始写《国史大纲》,把中国文化的源流和可贵之处都写下来,他怕文化亡了,国家就真的亡了。他在书的引论中写道:"值此创巨痛深之际,国人试一翻我先民五千年来惨淡创建之史迹,一棒一条痕,一掴一掌血,必有渊然而思,憬然而悟,愀然而悲,奋然而起者",今日读来,仍字字千钧。

他在引论中说的第一句话就是,"中国为世界上历史最完备之国家……然中国最近,乃为其国民最缺乏国史智识之国家"。

钱穆出生于1895年,他的祖先带着钱氏一支搬到了江苏无锡七房桥。

钱穆12岁的时候,父亲就去世了,家境贫困不堪,母亲坚持不让钱穆辍学,"我当遵先夫遗志,为钱家保留几颗读书的种子"。可惜1911年辛亥革命爆发,因学校停办,17岁的钱穆高中尚未毕业就辍学在家,继而开始在乡村学校执教谋生。他开始自修苦读,"刚日读经、柔日读史",长达十年,终于摸到了治学的门道,"其得力最深者莫如宋明儒"。11年后的1923年,他进入中学教授历史;7年后的1930年,因发表《刘向歆父子年谱》成名。文章推翻了康有为《新学伪经考》中的权威学说,这个高中肄业生被推荐成为燕京大学国文讲师,后来又进入北大任教。他由史解经,由经入史,终成经、史、子、集均有造诣的一代通儒。有人说,在那个年代,有鲁迅的社会批判,有胡适的自由思想,也有钱穆的严谨学业。

由小学、中学到大学,由无锡、香港、哥伦比亚到台北,他一生治学不辍,一生都在追问那个终极性问题:在西方文化和政治变局当中,中国文化传统到底何去何从?正如他的学生、享誉国际的史学大师余英时所言,他"一生为故国招魂",在最黑暗的年代,他做了中国文化的守夜人。

钱塘钱

《先秦诸子系年》《中国近三百年学术史》《刘向歆父子年谱》《国史大纲》《朱子新学案》……皇皇 1700 多万字的学术成果，充满了对中国历史和文化传统的温情与敬意，都是中国历史学习不可绕过的必读书目。

1949 年，钱穆来到香港，看到很多没有机会拿到一张船票或一张机票去中国台湾、美国的学生，就白手起家创办了新亚书院，薪资、图书、仪器缺乏，在异常艰苦的环境下，他以一种毅然决然的姿态为往圣继绝学。

1986 年 6 月 9 日，钱穆 92 岁生日那天，在台湾外双溪的素书楼，他上了最后一课。台下坐着的是台湾中国文化大学史学所的博士们，当然也慕名来了不少外人，包括已经是国民党中央委员的宋楚瑜。两个小时的课很快讲完了，行将告别站了 75 年的杏台，他最后对学生的赠言是"你们是中国人，不要忘记了中国"。

如何不忘中国？他早就说过，"当知无文化便无历史，无历史便无民族，无民族便无力量，无力量便无存在。所谓民族争存，底里便是一种文化争存"。他也说过，"我一生中最信守《论语》第一章孔子的三句话：'学而时习之，不亦说乎。有朋自远方来，不亦乐乎。人不知而不愠，不亦君子乎！'"

他被誉为中国最后一位士大夫。

这样的文化担当延续到了他的下一代。

钱穆有个哥哥，一辈子在家乡教书，可惜英年早逝，留下个儿子由钱穆教养成人，这就是被誉为"中国近代力学之父""应用数学之父"的钱伟长。1990 年，钱穆在台北去世，钱伟长无法亲往吊唁，写下了长长的挽联："生我者父母，幼吾者贤叔，旧事数从头,感念深恩宁有尽;于公为老师,在家为尊长,今朝俱往矣,缅怀遗范不胜悲。"

钱穆的长女环保专家钱易,族中后辈经济学家钱俊瑞、物理学家钱临照和工程力学家钱令希,都是院士。一门六院士,这支迁移到江苏无锡栖居的钱氏家族,在近现代占尽了风流。

钱穆曾经说过,"余在中学任教,集美、无锡、苏州三处,积八年之久,同事逾百人,最敬事者,首推子泉。生平相交,治学之勤,待人之厚,亦首推子泉。"子泉就是他的同族长辈钱基博。

比钱穆早生八年的钱基博(1887年出生)却比钱穆大两个辈分,是钱镠的第32世孙,是钱氏无锡榪山分支。他的早年经历与钱穆极为相似,1913年开始任教于小学、中学、中师,1923年开始在大学任教,直到1957年去世都未离开杏台。他学贯四部,著述等身,撰写过《现代中国文学史》等专著29部,编撰各类教材11部、杂著14部,未公开出版的手稿、油印本7部,还有大量学术论文,字数恰好也是1700万字,与钱穆同样恢宏。

钱基博"国学大师"的声名被他长子的盛名盖住了。他的长子就是被称为一代鸿儒、"文化昆仑"的钱锺书,钱锺书所著《管锥编》《围城》一问世就成不朽的经典。钱锺书有个堂弟叫钱锺韩,也是中科院院士。

当钱穆、钱基博和钱锺书们在故纸堆中寻找精神皈依的时候,与他们隔着太湖相望的浙江吴兴另一支钱氏家族的一个人物,正好走上了他们的对立面,开始在新文化运动的洪流中,高呼"欲使中国不亡,欲使中国民族成为二十世纪文明之民族,必以废孔学、灭道教为根本之解决……"他就是新文化运动的干将钱玄同,与钱基博同岁,也是 1887 年生人。他自号"疑古玄同",1917 年在为《新青年》撰稿期间,经常劝说名叫周树人、周作人的兄弟俩为《新青年》撰稿。那年 8 月份,钱玄同与周树人在北京绍兴会馆补树书屋的槐树下有一场对话:

钱:"你抄了这些有什么用?"

周:"没有什么用处。"

钱:"那么,你抄它是什么意思呢?"

周:"没有什么意思。"

钱:"我想,你可以做点文章。"

周:"假如一间铁屋子,是绝无窗户而万难破毁的,里面有许多熟睡的人们,不久都要闷死了,然而从昏睡入死,并不感到就要死的悲哀。现在你大嚷起来,惊起了较为清醒的几个人,使这不幸的少数者来受无可挽救的临终的苦楚,你倒以为对得起他们吗?"

钱立刻说:"然而几个人既然起来,你不能说绝没有毁坏这铁屋的希望!"

一语惊醒梦中人,周树人走出隐默,奋笔疾书,写出了中国现代白话文第一篇——《狂人日记》。没有钱玄同,也许没有鲁迅。

钱玄同的第三子叫钱三强,1913 年出生,是中国原子能科学事业的创始人,中国"两弹一星"元勋。1949 年 3 月,北平刚刚解放三个月,在周恩来总理的安排下,在法国师从第二代居里夫人的钱三强得到一捆发着霉味、不知道被藏了多久的 5 万美元现金,开始了领衔新中国的核物理事业。

1955 年,中国决定发展本国的核力量,钱三强担纲。1956

🔺 钱学森故居，位于浙江省杭州市上城区马市街方谷园2号。

年，他带着40多个人去苏联实习考察，与他一同考察的有一个刚从美国回来的科学家叫钱学森，吴越王钱镠的第33世孙。

这是钱氏族人两个杰出后辈的奇妙相遇，也是当代中国两位伟大人物的历史性相遇，一个研究核

钱塘钱

弹如何爆炸,一个研究如何让核弹和人造卫星发射和远距离飞行。

当年始祖钱镠生下33个儿子,派往各地做官,于是钱氏支脉到处生息,钱学森的祖先那一支留在了杭州。

1935年,钱学森通过庚子赔款赴美留学,师从流体动力学大师冯·卡门,加入了一个名叫"火箭俱乐部"的组织,就是大名鼎鼎的"喷气推进实验室",是五个创始人之一。在冯·卡门的带领下,他们成功研制出了火箭。二战期间在美国拥有最高级别的通行证,参与绝密的军事项目研究,可以自由出入五角大楼。1945年德国战败,这个穿着美国上校军装的中国人,和他的导师冯·卡门一起前往德国,审讯冯·卡门的导师、德国火箭专家普朗特。师父和徒弟联手审讯"师爷",堪称历史奇闻。

1955年,被誉为"火箭技术领域最大的天才"的钱学森历经整整5年的软禁后回到祖国,于是有了1956年钱学森与钱三强的相遇,那是中国"两弹"(导弹与原子弹)的相遇。

值得一提的是,后于钱学森一年(1936)去美国留学的堂弟钱学榘,与钱学森同在麻省理工学院航空系。钱学榘一直从事航空研究,是美国波音公司的高级工程顾问。他生了3个儿子。长子钱永佑是著名的神经生物学家、美国科学院院士;而他的第三子钱永健,2008年因为在荧光蛋白研究领域的成绩,获得诺贝尔化学奖。

钱氏家族的另一支迁往上海的嘉定地区。1728年,"乾嘉学派"的代表人物钱大昕出生,后来给乾隆皇帝的皇子当老师,号称"清代史家第一人",与纪晓岚并称"南钱北纪"。他的第14世孙钱其琛,担任过国务院副总理,是新中国最著名的外交部部长。

"心术不可得罪于天地,言行皆当无愧于圣贤""家富提携宗族,置义塾与公田,岁饥赈济亲朋,筹仁浆与义粟"……这些文字从笔下写来,当时是墨浓纸轻,而当钱穆、钱锺书、钱三强、钱学森、钱伟长、钱其琛这些伟大人物经由时间,都汇聚在一个盛大家族的门庭中,那本薄薄的《钱氏家训》,则尽显东方智慧的格局和文化基因编码能力,它唠叨的无非是家,是国,是天下。

上马击狂胡　下马草军书

会稽山阴的陆家，书香气不知道是从哪朝哪代开始聚起来的。

只知道1012年，农家子弟陆轸高中状元，开启了陆家世代入仕为官的历史。相传陆轸是个很有骨气的文人，他官至礼部郎中、直昭文馆、知严州，敢在宋仁宗面前直谏，要皇帝好好坐稳自己的龙椅，免得他人睥睨。他做了40年官，一生忠正清廉，最后辞职回乡归隐。

陆家人入仕做官的风骨由此形成，进取不附势，爱国不愚忠，崇文不重财。

陆轸的儿子陆珪，也做了官，不过是个在国子监传授经学的高级教员，但好歹是国子监博士，也算是为陆家的书香添了一脉。

到了陆珪的儿子陆佃这里,陆家开始大放异彩。

陆佃继承了父辈们夜灯苦学的精神,1070年中了进士。他千里求学,拜了一个好老师,就是"唐宋八大家"之一的王安石。至今一些少儿读物上还有"陆佃千里求师"的典故。王安石是北宋的大政治家、思想家,官至宰相,主持变法,权倾一时。王安石非常赏识陆佃的才华,征询他对新法的看法,想不到陆佃说:"法非不善,但推进不能如初意,还为扰民,如青苗是也。"陆佃没有因为新法在整体上是正确的,而讳言它的瑕疵,但王安石不是一个善听谏言的人,"安石以佃不附己,专付之经术,不复咨以政",陆佃由此坐了"冷板凳"。

司马光执政后废除了王安石的新法,清理"安石之党"。陆佃并不趋炎附势,更不落井下石,他不避讳老师是"奸党",但在王安石去世的时候,供佛祭拜,在编撰《神宗实录》的时候,多次和黄庭坚等人争辩,只为给王安石一个客观的历史名声,由此惹得当权者很不开心。

宋徽宗即位后,想不到当初风光一时的司马光,竟成了"元祐之党"的头子,朝野主张穷治元祐余党。已经做了吏部左丞的陆佃,根本不记仇,才不管什么元祐不元祐,是人才就想重用。最终,自己竟然被诬为元祐党人,贬为中大夫。在这个任上,陆佃去世。

陆佃,刚直不阿,不迎不徂,不惧不党,把士人的价值观看得比官帽更重要。

陆佃的儿子陆宰也很早就入仕了,尽管是些如淮西提举常平、淮南东路转运判官、迁京西路转运副使这样的寻常官职,但在北宋末期卖国求生、软弱无力的政治乱局中,能够在宦海中护佑一家平平安安,留下清清白白的名声,已经难能可贵了。1125年,陆宰一家奉诏入朝,在淮河的舟上喜得第三子,陆宰感念人生漂泊不定,遂给儿子取名陆游。

1126年,陆宰被免职,一家人卷着铺盖回到老家山阴,也是因祸得福,赶在了金军大举南犯的战乱之前顺利南迁。1127年,北宋灭亡,幸免于难的赵构建立了南宋。

被罢官回家的陆宰开始继续他父亲陆佃的事业——藏书。陆佃除了当官,还是当时的大学问家,精通于古文字学、文献学,写了200多卷书,他花了很大力气藏书。陆宰曾评价他父亲是"不独博极群书,而农父牧夫,百工技艺,下至舆台皂隶,莫不谀询,苟有所闻,必加试验,然后记录"。

陆宰和陆宦等兄弟继承了父亲"诗书教子真田宅,金玉传家定粪灰"(苏辙语)的思想,陆宰成为当时古越州三大藏书家之首。1143年,南宋皇帝下诏要求大家给国家图书馆献书,陆宰献了13000册,成了整个南宋献书最多的私家藏书家。

家是好家,藏书万卷,国却是破山河。

金国几次南征,南宋数度北伐,兵荒马乱,山河零碎。

南宋皇帝赵构都跑来会稽避乱了。那是1131年,赵构从海上逃到会稽,为了匡正宋室,复兴大宋王朝,即所谓"绍祚中兴",将会稽改为了绍兴府。绍兴,是汉民族一段屈辱史的见证,是宋王朝不思进取的典案。

1138年,南宋皇室避难到了离山阴几十里开外的临安(杭州),并定都于此。美丽的江南,收留了一个落魄的王朝。

陆游就是在这样的时代里长大成人。

在积极入世的儒家文化家教中,他一方面"爱书即欲死,人

🔸 绍兴沈园墙上的《钗头凤》，沈园见证了青年陆游与唐婉的凄美爱情

笑作书癫"，一方面满怀国家情怀，抗金复国、收拾旧山河成了他一生矢志不移的追求，更是他诗歌创作永恒的主题。他是中国古代传世诗作最多的专职诗人，自称"六十年间万首诗"，而几乎一半以上都是以收复河山为主题。

他把他个人最真挚的私情留在了绍兴的沈园，在那里写下过一首词《钗头凤》：

> 红酥手，黄縢酒，满城春色宫墙柳。东风恶，欢情薄。一怀愁绪，几年离索。错、错、错。
>
> 春如旧，人空瘦，泪痕红浥鲛绡透。桃花落，闲池阁。山盟虽在，锦书难托。莫、莫、莫。

上马击狂胡　下马草军书

剩余的时光,陆游都把澎湃的诗情、无限的愁思留给了千万里宦途中的家国之忧和抗金斗争。

1158年,33岁的陆游才出仕,可是他的仕途并不顺利,无数次被任用,又无数次被罢黜,失意潦倒是他一生的主状态,他只得把战斗者的姿态,写进诗中,"壮岁从戎,曾是气吞残虏。阵云高、狼烟夜举。朱颜青鬓,拥雕戈西戍。笑儒冠、自来多误"。

1171年,天真的诗人终于有机会实现他的报国梦,他加入了四川宣抚使王炎的幕僚。46岁的陆游身披铁甲,斗志昂扬,撰写驱除金兵的策略,在战地南郑"楼船夜雪瓜洲渡,铁马秋风大散关",他抗金杀敌的梦想灿烂如夏花。

这个梦只做了短短8个月,却让陆游回忆了一生。从此,他只有诗魂铸剑,南望王师一年又一年。

1186年,罢官6年的陆游闲居山阴农村,写下了《书愤》:"早岁那知世事艰,中原北望气如山。楼船夜雪瓜洲渡,铁马秋风大散关。塞上长城空自许,镜中衰鬓已先斑。出师一表真名世,千载谁堪伯仲间。"十二年乡村的赋闲生活,诗人只得反复吟哦自己壮志未酬、报国无门的悲愤,回忆自己"万里觅封侯"的岁月,叹只叹"胡未灭,鬓先秋,泪空流"。

1189年,陆游写下了《十一月四日风雨大作》:"僵卧孤村不自哀,尚思为国戍轮台。夜阑卧听风吹雨,铁马冰河入梦来。"68岁的诗人心中依然是金戈铁马的壮志凌云。

1210年12月,85岁的陆游一病不起。在重病中,诗人写了最后一首诗《示儿》:"死去元知万事空,但悲不见九州同。王师北定中原日,家祭无忘告乃翁。"字字至性,句句催泪。千百年来,《示儿》不仅仅是写给儿子的遗嘱,它的痛感穿越时代,是烛照整个华夏民族的警言。

梁启超说得公允："诗界千年靡靡风，兵魂销尽国魂空。集中什九从军乐，亘古男儿一放翁。"

亘古男儿陆放翁终究没有等来王师北定中原日。

1279年，崖山海战，元军打败南宋军队。陆游的孙子陆元廷在听闻宋军兵败崖山后忧愤而死，曾孙陆传义崖山兵败后绝食而亡，玄孙陆天骐在崖山战斗中投海自尽。宋末帝赵昺被人背着投海自尽。巧合的是，这个背着皇帝投海的人，姓陆，名叫陆秀夫。

崖山海战，南宋王朝陨落。传统的汉民族政权被北方游牧民族王朝取代。华夏，开始以一种新的文化形态延续发展。

而会稽山阴的陆家，再无人愿意出仕，子孙们躬身垄亩不问前程，这也是一种风骨和血性。

明月前身

南宋建炎元年——1127年,历史上一个非常有故事的年份,整个南宋王朝都在逃亡和流离。

他的祖先吴瑾为躲避战乱,带着家人从淮安南迁到太湖之南的孝丰县鄣吴村。鄣吴村修竹叠翠,自是世外桃源,吴氏家族在这里落根,烟火旺盛。

吴氏家族的第十世孙吴松,不是一个声名显赫的人,却做了一件声名远播的事儿。他薄有田产,非常喜欢读书,就在鄣吴村那条溪的南岸建了一所族塾,吴姓孩子都可以进学。族塾取了一个本分谦逊的名字——溪南静室,告诫后辈们安安静静地读书。

溪宽五丈,清流如泄。溪南静室,常常是一片读书声越溪而来,响彻整个鄣吴村。

溪南静室养成了整个吴氏家族的读书风气,深深影响了明清两朝吴氏子孙们的人生走向和精神走向。

耕读传家的风气在吴松的儿孙身上得到了验证。明嘉靖五年（1526），吴松的儿子——吴氏第11世孙吴麟、吴龙兄弟俩同时考中进士，创造了整个孝丰县的科举纪录。之后吴麟的儿子吴维岳、吴维京又先后金榜题名，吴氏"一门四进士"的殊荣，让整个吴氏家族成为江南有名的书香门第。

吴麟官至山东按察副使，吴龙官至福建右参政，吴维岳由县令官至贵州巡抚，成功平定过西南地区少数民族内乱。

清朝，吴氏家族又先后出了两个进士，由崇书到尚儒，一批批读书人官袍加身，得贡生以上功名者近200人。

"家风旧学汉周秦"，诗礼风流，成为吴氏家族的继世精神，也铸就了吴家人积极入世的人生态度。

1844年，他出生在鄣吴村，是吴氏家族的第22世孙。

在他的童年和青少年时代，社稷飘摇，鄣吴村倒安静。他的祖父和父亲都是举人出身，当过县学教谕、知县等职务。他在溪南静室安安静静读书17年，本可以在这样的济世精神下，厚积薄发，求功名，进爵位。

课余的时候，他捡来溪中的石头和村中的断砖，拿着一把废铁打铸的刻刀，选择一个角落，就这么安安静静地篆刻时光，村中孩子们都戏称他"乡阿姐"。

"予少好篆刻，自少至老与印不一日离。"

可是太平天国运动来了，一支太平军从安徽入境，在鄣吴村与清兵、民团展开数万人的拉锯战。

那一年是1860年。

他家九口人，多是裹着小脚的女人和尚未成年的孩子，跑

明月前身

不动,父亲只带着 17 岁的他逃亡。

这一逃就是 5 年多。"乱离人不及太平犬",父子俩在荒山野岭中屡遭饥馑、疾病、寒苦。有一次为了躲避追兵,他藏在一个名叫石仓坞的山洞里,挨饿受冻了四五天。

这是他一生都无法忘怀的梦魇。他后来取名号"苍石""仓石""昌石""仓硕"……一生离不开石头。

比流离更可怕的是死别。

大战惨烈,鄣吴村已经是一片焦土,"亡者四千人,生存二十五"。等他避祸回乡,他的祖母、母亲、妹妹等 7 人均死于战乱,还没过门的妻子章氏,也病亡于数日前,未曾见上他最后一面。

20 多年后,他梦见章氏夫人,"相见不疑梦,旧时此荆布。别来千万语,含意苦难诉"。

亲人没了,房子塌了,村子成了废墟,700 年的鄣吴村就这样断了生息。

生与死,离与别,饥与寒,就这样刻进了他的生命。

父亲带着他搬到了安吉县城东的桃花渡,开辟了一块地方,定居了下来,取名"芜园"。"故乡虽未远,易地心忧伤",前尘往事哪堪回首,心中一片荒芜,唯有好好整地种菜,读书刻印。"为人不事表修饰,而中情纯一"的他,需要让荒芜的内心长出花儿。

种菜之外,他还种了 30 棵梅花。除了石头,梅花是他绘画中最重要,也最擅长的意象,"苦铁道人梅知己",梅花代表着他内心的苦寒,还有古雅。

1865 年,22 岁的他考中秀才,这是他唯一的功名,他刻了

一方印:"同治童生咸丰秀才"。在芜园,他自辑了第一部印集《朴巢印存》。

1868年,父亲去世,从此他无依无靠,也了无牵挂。

"风波即大道,尘土有至情",这是他写过的一幅行书作品。命运没有将这个年轻人打趴下,相反,历经战乱、家毁、人亡的他犹如一块顽石,开始持久地自我打磨。

1869年,他收拾行李去了杭州,拜在名儒俞樾门下,就学于诂经精舍,学习小学和辞章。1873年,他再次回到诂经精舍,问业于俞樾。两年的杭州求学,奠定了他深厚的国学功底。他的印,他的画,他的书法,兼有了灵魂的发芽。

他开始了长达半个世纪的游学、游艺、游宦,以一个后学者的姿态寻找艺术道路上的导师、知己。

先是湖州,给清末四大藏书家之一的陆心源做司账,得以接触陆家大量的古籍、金石古物。陆心源的"潜园"聚集了一帮热爱经史、金石、辞章、书法、诗词的文人,号称"潜园七子",他与这帮人朝夕相处。尤其是书法大师杨见山,他数次递上拜师帖,"师说一篇陈历历,门生再拜舞蹲蹲",他是满心的虔诚。但杨见山拒收他的拜师帖,"师生尊而不亲,弟兄则尤亲矣",可见杨见山是满心的谦虚。两人交往20余年,在诗文书法上他得到了杨的不少指点,他自诩"寓庸斋内老门生",一直把杨见山当作自己的老师。

他的求艺路上,金石结缘的美谈比比皆是。

1874年,他来到秀水(今嘉兴)杜文澜的"曼陀罗花馆"学习,与当地的沈曾植、金铁老、蒲华等一帮饱学之士交游。

1882年,他定居苏州。不忘一个文人入仕治国的理想,在朋友的推荐下，他当上县丞小吏，以"寒酸尉"自嘲。1894年，甲午战争爆发，51岁的他北上拜见两代帝师、户部尚书、一品大员翁同龢，最终以戎幕身份参加甲午海战，心中刀法可期化作滔滔武功。可惜在山海关兵败，最接近权力中枢的一次机遇就此失去。

此后，他安心诗、书、印、画。

1911年，他迁居上海。30年的苏州生活，他治印的刀法已经形成拙而朴、变而正的风格；他绘的梅、兰、菊、竹、松自有雄浑烂漫的大写意；他的书法深得石鼓文的凝练遒劲，被誉为"石鼓篆书第一人"。他标立了传统文人艺术进取的风范，终成大家。

传统文化和传统艺术在他身上融合、会通、超越，成为一种巨大的推动力，将他推向了中国文人画最后的高峰，他也成为海派艺术的最高代表。

上海从传统渔村蜕变成江南贸易中心、世界口岸，迎接他的，是一个传统文人的转型和风格跨越，是满是黄金大洋的艺术市场。

当然，还有熙熙攘攘的人群，有任伯年、吴大澂、陈三立、康有为、沈曾植等，有袁克文、梅兰芳、荀慧生等。

其中有个非常重要的人物——王一亭。王一亭是民国政要，曾任中国佛教协会会长，两度担任上海总商会主席，也是当时沪上画坛的盟主。正是王一亭给他写信，邀请他去上海"鬻画"，他才拥有了发展的更大舞台，这是他艺术生涯中最重要的一次转折。他与王一亭私交甚好，看戏、作画、游园，几乎到了形影不离的地步，二人被称为"海上双璧"。他在这里赢得了最

》《红绿梅》吴昌硕

款识：泽中游气雨余鲜，眼底离奇又一天。覆瓿哀谁玄不草，积薪投尔寸之烟。空堂枫林初成稿，野驿梅花动隔年。商临短邛还涉趣，飞来亭子醉翁前。癸亥冬，吴昌硕。

广泛的认可。

一生游学、游艺、交友无数,在杭、湖、嘉、苏、沪留下无数足迹。这样的书写太过轻描淡写,他所经历的年代,有内忧,有外患,有战乱,有飘零,还有生死,没有变数的,是对于饥馑的恐惧,他的家里永远储存着足够的粮食以备万一,是他对艺术的虚怀以求。30岁开始向任伯年学画的他,40岁才肯拿出来示人。他一辈子都在战战兢兢、亦步亦趋地往前走。

到了最后,他自号"大聋",来客说话,都不搭理了,所有的话,都在那些满是书卷气的书法、篆刻和绘画作品中。

可关于鄣吴村的一切,都超越在时间之外。1909年,65岁的他又梦见章氏夫人了。窗外明月高悬,他一刀刀刻下一方印——"明月前身",几笔就是一个章氏的清晰背影。

只身走过万千,仍敌不过没有你的那种孤独。

1927年的冬天,84岁的他作了最后一首诗《昨梦》:"……人颂寿翁宜饮食,自知泉路近晨昏……昨梦玉华山下坐,看人打稻饲鸡豚。"不料,一诗成谶。那天,有人送来几包家乡的麻酥糖,他趁家人不备,连夜偷吃了两包,结果一病不起,中国最后一位传统文人画家与世长辞。

后人按照他的遗愿,将他和二位夫人章氏、施氏合葬在余杭塘栖镇的超山上,从此年年岁岁、生生世世,面对满山梅花。墓门石柱上有联语:"其人为金石家,沉酣到三代鼎彝,两京碑碣。此地傍玉潜故宅,环抱有几重山色,十里梅花。"

如果人有灵魂,梅花应该年年开在他的心头吧。

他是吴昌硕,西泠印社第一任社长。

海宁查家

1357年,为了躲避战乱,查瑜带着一家老小从安徽婺源来到海宁。在海宁袁花镇,他发现这里有一座山叫"龙山",正好与婺源老家的那座"凤山"合为"龙凤呈祥"之意,真是大吉大利的好兆头,再加上地肥人厚,于是置地盖屋,定居了下来。

查瑜为华夏查氏67世,海宁查氏始祖。

在传统的农业社会,作为外姓外族人,要想在新地方站稳脚跟,家业发达,必得致力耕读、和睦乡邻。查瑜深谙这些道理,除身先垂范做当地的耕读榜样外,他还有一个精通医学的二儿子,名叫查恕。查恕外号查一帖,一副药就能治人疾病,而且医德高尚,穷人治病不取分文,朱元璋赞赏其正直诚笃,任命他为太医院太医,官至正三品,授一品冠服。这是查家走出来的第一位大人物,海宁查家600多年名门望族的历史就这样延绵有序地开启了。

100年后,也就是明成化十六年(1480),查氏第5世孙查焕考中进士,这是查家登科考的第一人,他官至山东布政司参议。

其后一发不可收拾,明朝灭亡前的150多年间,共有5位查家后人考中进士,登科入仕,书写海宁查家的荣耀,他们分别是查焕、查秉彝、查志立、查志隆、查允元。其中查秉彝、查志立、查允元是祖孙三代。查秉彝官至顺天府尹,是查氏名宦的杰出人物。另外还有17人中举人。

到了清朝,海宁查家的科举业绩更是一路飙升,尤其在清康熙年间,这个以文为业、书香传家的家族,拥有300多人丁,进入了全盛时期,10多人考取进士,查慎行、查嗣瑮、查嗣庭兄弟三人相继授翰林院编修。翰林院编修,从职称上说,相当于院士,因此有了"一门十进士,叔侄五翰林"的美誉。这样重教兴家的典型,自古以来都非常罕见。整个清朝,查家考取进士15人,考取举人的多达59人。其中查昇陪皇帝在南书房念书,作为康熙帝的近侍,先后得到康熙皇帝御笔题写的"澹远堂""敬业堂""嘉瑞堂"匾额。康熙帝更是盛赞海宁查家为"唐宋以来巨族,江南有数人家"。江南腹地的海宁,名门望族不少,当时留下了"查祝许董周,陈杨在后头"的乡谚,算是从民间为查家的地位做了充分的肯定。

入仕者众,尤其是进入国家权力中心的人多了,在政治风气并不清朗、文字狱盛行的清代,难免惹来横祸。清朝四大全国性文字狱案件,查家就牵涉其中两起。

先是湖州的庄氏史案。湖州富户庄廷鑨,偶得明朝大学士朱相国的遗稿,因此广邀江南的通士鸿儒修撰了一本《明史辑略》,刊印发行,引得士林赞誉。不料这书中数处仍用明朝旧历年号,未用清朝年号,这哪把清朝放在眼里啊?已经因贪腐被革职的湖州归安县知县吴之荣发现了这个问题,再搜罗了书中几十处忌讳犯禁的文字,一并告到了京城。结果庄家15岁以上男丁尽数处斩,妻女发配沈阳为奴,15岁以下男丁充军,连作序的前礼部侍郎李令晰及其4个儿子,浙江、湖州两级相关的官员,所有雕版的刻工,印书的列工,装订的订工,书铺老板和店员,乃至买书的读者,查明后通通处斩。而在书中列名的参校者,统统凌迟处死。海宁查家的查继佐就在清廷的缉拿名单上。好在查继佐并没有答应去做修校,是庄家擅自把他的名字写在书上,查家逃过了一劫。

这一劫总算是逃过去了,但总有一劫逃不过去。第二起文字狱案件干脆以查家命名,史称"查嗣庭科场试题案",唱主角的是查嗣庭。雍正四年(1726),礼部侍郎查嗣庭主持江西省考,出了一道考题——"维民所止"。这本是《诗经》里的一句话,

海宁查家

意思是国家的广阔土地，都是百姓栖息的地方。可是有人告状，这"维""止"二字，不正是"雍正"二字去掉了头吗？雍正皇帝龙颜大怒，又查抄其诗文笔记，发现多处悖逆的话，认为其大逆不道，以"腹诽朝政，谤讪君上"罪名将查嗣庭全家缉拿严办。其实引来杀身之祸的，是当年举荐他的人——隆科多和蔡珽，正是雍正皇帝的心腹大患，皇帝要除心患，必剪其羽翼。这场文字狱让海宁查家元气大伤，查嗣庭全家13口，男丁15岁以上处死，15岁以下流放3000里，女眷发配边疆为奴。查嗣庭的胞兄查嗣琛一家也被流放3000里，唯有胞兄查慎行一家四口被关押了一年，最后被释放活着回到了原籍浙江海宁。

浙江的乡试、会试也被停止了整整6年时间，查家科考入仕的壮丽景象暂时黯淡了下去。

28年后，查虞昌考中进士，续写这个文化家族的传奇。海宁查家的文化脉络并没有因为这场文字狱被割断。以家族集聚而涵养的家世文化表现出强大的生命力。它躬耕垄亩，根基深厚；诗书传家，攀登荣耀。这之间，是家风门风的代代坚守，是方圆荣辱的清晰认识。

清光绪十二年，即1886年，查文清考中进士，为查家荣登科甲之最后一人。19年后，延续了1000多年的科举被废除了。在海宁查家近500年的科举取士历程中，有超过800人获得生员资格，133人获得进士、贡生资格。

钱泰吉说："所谓世家者，非徒以科第显达之为贵，而以士农工商各敬其业，各守其家法之为美。"海宁查家在通达仕途之外，更是当地富裕人家，土地种植、盐业贩运、典当经营都做。较为有名的是查懋，经营盐业数十年，上千族人靠他吃饭。他的儿子查世倓,设置义田2000亩,用来赡养、资助族人,还花钱买过苏州那个拙政园。

此外,查家人还热衷于一种职业,那就是悬壶济世的医生。600年间,有名的医生就有查恕、查城、查济眉等。可见忠厚传家、慈善处世也是海宁查家的家训内容。

财富流水,抵不过文化世家的称谓。深厚的家学渊源和文化积淀,让海宁查家文人辈出。据《海宁州志稿》记载,查氏148人,撰写各类著述328种。其中以诗歌创作最为突出,素有"查诗"之说,仅诗集就出了40多部。最有名的还是前文说的那个从监狱活着回来的查慎行,他被誉为"清六家"之一,作诗万余首,现存诗歌超过5000首。海宁查家还有个极为重要的传统,就是私人藏书,比如查嗣琪、查慎行、查嗣庭三兄弟,就分别建了"查浦书屋""得树楼""双遂堂"三个私人藏书楼,这也是江浙一带学风谨严的表现。说来说去,还是读书二字。非要总结一个字:儒。

这种诗文流传和世系文化的承袭,即使没有科举取士的旧路可走,也不是说断就能断的。到了20世纪,海宁查家出了两个非常有名的文人,一个是查良铮,笔名穆旦,还有一个叫查良镛,笔名金庸。

立心立命·治国篇

老当益壮,宁移白首之心;
穷且益坚,不坠青云之志。

没有什么理由
可以阻止一个国家出海

如果能打开明成祖朱棣创下的永乐盛世的图景,一定能感受到文治武功下,一个强大帝国的恢宏气象。

这位以天子之身亲历行阵、五征漠北的皇帝,在西北设哈密卫,在西南置宣慰司,在贵州设布政使司,南征安南,经营四方,维护中华版图的完整;疏浚大运河,修建紫禁城,编修《永乐大典》,开创被西方国家广为效仿的文官内阁制,实行迁民宽乡政策保障斯民小康……于是士安饱暖、民忘战争,天下初定,国力大充,几乎追上汉唐。

差就差一个万国来朝。如果能有一个面向全球的中国方案,引来八方宾朋,那就真是"普天之下,莫非王土"了。

在位 22 年从未给自己放过一天假的明成祖,

想到了一个年轻人,他就是跟随自己南征北战的太监郑和。

于是,在中国历史上,就有了郑和七下西洋的壮举;在世界的航海史上,永远行驶着一群逆着西方探险家们航向的船只。

它们开拓未知的世界,远播东方文明。

那一年是 1405 年,郑和 33 岁,第一次下西洋,出发地是长江口的刘家港。他率领众舟师登入天妃宫,跪拜在海神娘娘的神像前,丰盛的献礼,祈求出海顺利平安。在他身后的长江口,是整齐排列的 200 多艘宝船以及 2 万多名船员和战士。

从此,这个小小的港口,成为郑和际天而行的起点和鹏程万里归来的终点。

茫茫大海,也应有这等富庶的靠岸之地。从此万里征途,只为让泱泱华夏天下归依。

郑和船队带足了绸茶瓷器,也带足了可以护卫商船的将士。想不到第一次出洋,才到南洋爪哇岛麻喏八歇国,就被误杀了 170 多名士兵。郑和自知身份已变,不再是曾经那个知兵习战的"钦差总兵太监",而是大明王朝派往西洋的正使,代表一个帝国的气度。正因为以和为贵,成就了他大航海家的历史正名。

"观夫鲸波接天,浩浩无涯,或烟雾之溟蒙,或风浪之崔嵬,海洋之状,变态无时,而我之云帆高张,昼夜星驰,涉彼狂澜,若履通衢。"即使在今天,读这一段劈波斩浪的描述,仍能体悟到一代航海家的豪迈气魄和开阔胸襟。

就这样,一次又一次下西洋,恩赐与交易并举,一派友好祥和,把大明王朝的"宗主"形象镌刻在了航海沿线各国的君民心中,激发了海外国家对东方古国的无限遐想。

很快,众多使臣泛海而来。

刘家港在明成祖在位期间共迎来数百次使节来华,最盛的一次是 1423 年,17 国的 1200 多人来明朝朝贡。

明成祖有话:"朝廷取四夷,当怀之以恩。今后朝贡者,悉以品级赐赉,虽加厚不为过也。"伴随着郑和下西洋,大明王朝建立了一个"抚驭万国"的世界级朝贡体系。

熙熙攘攘的朝贡者,忙忙碌碌的出海者,一下让江之尾、海之头的刘家港成为江南漕运和海运的集结地,成为与埃及亚历山大港媲美的"天下第一码头",盛极一时。

有船就有码头,有码头就有军漕粮仓。郑和走后,近百座颇具规模的仓库散立在刘家河两岸,形成了积聚苏州、松江、杭州、嘉兴、湖州五府粮食数百万石的粮仓,被称为"百万仓"。

街巷慢慢地延伸,廊桥哪年哪月也有了;名流毕集,诗画雅致渐渐激荡成气候。烟雨江南的记忆,在这里得到了千百年的延续。

当起锚的号令响起,多少跟随郑和下西洋的人,从弄堂走出去,走过街,走过桥,顺着河,集合在郑和的宝船上。

宝船走了,又有多少来客,顺着河,上了桥,走过街,进了弄堂,选择好门庭,点燃市井烟火,在白墙黛瓦间,开始了一代又一代的营生。于是一日三市,四乡来客,商贾辐辏,这里就有了"金罗店,银南翔,铜江湾,铁大场"之说,一派流金淌银。渐渐的,在整齐的河岸边,座座堂舍雕梁画栋,多少灿烂的家园梦想一代传给一代。

房子与故事层层堆叠,商市与风雅交相荟萃。

然而郑和七下西洋,终究成就不了大明王朝的天下梦。

没有什么理由可以阻止一个国家出海

厚往薄来，大明哪有那么大的国库来赏赐天下啊？朝贡经济的背后，是面子越来越厚，里子越来越薄。

大明王朝忽略了海权时代已经来临。烟波浩渺的海洋，延伸着每个陆地国家的海洋权力。明成祖死后，朝中大臣纷纷进谏，要求废除船队，隔绝海洋。

1433年，62岁的郑和第七次下西洋，因过度劳累，他都来不及把船队带回国，就在印度西海岸病逝，永远长眠在他来回14次的航海线上。同一年，明宣宗下达了严厉的"禁海令"，禁止沿海居民从事外贸活动。约有千余艘船舰的明帝国就这样放弃了海权，告别了大海。

告别大海，大明朝选择了遗忘郑和。

一部《郑和出使水程》，作为郑和下西洋最重要的学术档案，凝聚着郑和30年心血的珍贵资料，被藏匿、焚烧。

那些记载的530多个城市、岛屿、航海标识、滩、礁、山脉的数据，那些通信联络、号令认旗、引航、编队指挥、天文、地文等航海经验，那些造船技术、水师训练、武器装备、海战策略、后勤补给等海军机密，曾经照耀过万里海程的日日夜夜，都化作了灰烬。

华夏民族必然要为这把灰烬付出代价。

1492年8月3日，一个名叫哥伦布的葡萄牙年轻人，率领着区区三艘帆船，抵达美洲大陆，海权时代由此浩浩汤汤地开启。

1511年，葡萄牙人占领了马六甲海峡，雄峙瀚海，中国的南大门被人扼住。曾经由郑和纵横驰骋的南太平洋周边陆地，纷纷被殖民。郑和百舸齐发、万人出征，未换来一块广阔的海洋。

40年后，1553年，葡萄牙人来到澳门。

400年后,1840年,西方列强终于从南海登陆,开始蚕食东方睡狮。古老中国陷入了一场长达百年的屈辱浩劫。

"欲国家富强,不可置海洋于不顾。财富取之于海,危险亦来自海上。"想不到郑和这句话,一语成谶。

伴随着生产技术的进步和社会分工的扩大,欧洲商品经济迅速发展,人类社会由传统社会迈向了近代社会,世界市场逐渐形成。全球贸易的强大动力搅动起开辟东方航线的一艘艘探险船的马达,他们最终选择了殖民征服。

朱棣只想建立一个"抚驭万国"的世界级朝贡体系,《明史郑和传》言,"且欲耀兵异域,示中国富强",为的是炫富扬威。

白墙黑瓦青石路的尽头,水路无边。

好在,郑和下西洋,终究不是昙花一现。郑和船队的犁波远航,敲醒了很多临海而居的人们的雄心,掀起了整个江南地区乃至东南、华南地区泛海经商的热潮。"沿海奸民"、"内地亡命之徒"们纷纷离岸,无数商船锚泊瀛涯,宁波商帮、福建商帮、广东商帮纷纷摇橹下海,海上丝绸之路上,淘金梦、家园梦,与无边的涛浪共鸣,南洋群岛迎来了第一代华人拓荒者。

曾经郑和下西洋的一路上,形成了"四处营生,商旅遍天下"的局面。

没有什么理由可以阻止一个国家出海。

好山河，竟落得如此腥膻

他出身钱塘，心中却无半点柔媚。

16岁，西子湖畔的吴山三茅观，他挥毫落纸，写下了《石灰吟》："千锤万凿出深山，烈火焚烧若等闲。粉身碎骨浑不怕，要留清白在人间。"那一年是明永乐十二年，即1414年。

7年后，他青春得志，登进士第，任监察御史，跟在皇帝身边记述当朝大小事件。28岁那年，他以御史身份跟随皇帝明宣宗御驾亲征，平定朱高煦叛乱，从此平步青云，尽一个封建官吏的本分，巡抚河南、山西，勤勉历职长达十八年之久。

作为一个文官，"舞低杨柳楼心月，歌尽桃花扇底风"，这该是他的生活底色，文教礼乐，是他的日常。直到遇到土木之变，画风突然变化，大明王朝的存亡重任落在了他的肩上。

1449 年，明英宗本想拉开架势与西部蒙古族大干一仗，平定也先的叛乱，以彰显君威浩荡。他率 50 万大军御驾亲征漠北，这几乎是大明王朝的整个家当。因为把军政事务交给宦官王振专断，结果兵败土木堡，英宗被俘，黄河以北的精锐之师全部覆没，66 名随军大臣全部战死，整个明帝国几乎被一场战役掏空了，这就是著名的"土木之变"。

六月的北京城寒气逼人，人心惶惶，紫禁城乱作了一团，大多数人都卷上了细软，设计了逃跑的路线，300 年前大宋南迁的悲剧似乎即将重演。

他逆流而上，站了出来。

"京师天下根本，一动则大事去矣，独不见宋南渡事乎。"杭州城家门口的南宋小政权悲剧，他从祖辈们的嘴里听到过。南宋皇帝只是想临时安顿在杭州，还想着恢复北方的基业。可惜一旦南渡，哪有机会北迁啊！仅仅 138 年，南宋王朝就日落西山了。

"言南迁者，可斩也！"他一言惊醒朝野，王振的几个余党在朝廷上被群臣当着继任君王明代宗的面活活打死。

他被任命为兵部尚书，主管北京防务，一个曾经擅长春秋笔法的史官，摩拳擦掌手握长剑上阵。

没有打过仗，没有领过军，甚至没有亲手杀过人，却要振奋武功。

他从两京、河南等地调集二线的备操军，从山东、南京等地调集沿海备倭军，从通州调集几百万石粮食，守城的兵丁、伙夫、匠人，凡报效国家者，均有赏赐。他决计和也先的部队决一死战，"临阵将不顾军先退者，斩其将。军不顾将先退者，后队

好山河，竟落得如此腥膻

斩前队"。

安定门、东直门、朝阳门、西直门、阜成门、正阳门、崇文门、宣城门、德胜门,京城九门之外,将士们列阵迎敌,背后的城门都被他下令关闭,一个王朝的二线部队被一个文官统帅,是不幸,也是大勇。

他亲自率部出战德胜门,那里正对也先扎营的土城,必是最激烈的战场。此战,不胜则死,战端一开,即当死战。

大明的生死就在这一战。大明要亡,就让自己做第一个战死的人吧。

也先最终攻城失败,他一口气追到居庸关外,追回了大明的尊严和气数。

也先只好求和,大同参将许贵将这层意思传递给他,他愤然说:"贵为介胄臣,而恇怯如此,何以敌忾,法当诛!"

北京保卫战,他以一己之力力挽狂澜,成功保住了大厦将倾的大明江山,大明王朝因此多延续了200多年。

明代宗朱祁钰赏赐他府第、黄金、袍服,他再三辞谢无果,只好将所有赏赐封存在新赐的府第中。

被俘的明英宗在北方瓦剌放了一年羊。他主张接回英宗,这是国家的体面。明英宗被接回国后被软禁了七年。1457年,英宗发动政变,恢复帝位。想不到重新登基之后,明英宗首先查抄了他的家。那是怎样的一个家啊,"家无余资,萧然仅书籍耳"。七年前的赏赐分文未动,一物未用。

他就是于谦,是英雄,也是国士。

1457年,60岁的于谦在崇文门外被处斩,行路嗟叹,天下冤之。他的遗骸被埋葬在家乡杭州的西湖南头三台山下。他

▲ 杭州西湖南畔的张苍水墓地

没有想到,自己死后能够和他自小就崇拜的抗金名将岳飞一起,长眠在西湖的美景中。

还记得他拜谒岳飞墓时,曾留下过七律《岳忠武王祠》:"匹马南来渡浙河,汴城宫阙远嵯峨。中兴诸将谁降敌,负国奸臣主议和。黄叶古祠寒雨积,青山荒冢白云多。如何一别朱仙镇,不见将军奏凯歌!"

二百多年后,大明王朝的元气终于要尽了。明朝宗室依据淮河以南的半壁江山抵抗清军。23岁的浙江宁波举人张苍水挺身而出,书生入将,写下了"国亡家破欲何之?西子湖头有我师。日月双悬于氏墓,乾坤半壁岳家祠"的诗句,他希望仿效岳飞、于谦,与国家社稷生死相依。

张苍水参加了刑部员外郎钱肃乐等人组织的抗清队伍,在浙江、福建海隅组织抗清活动长达19年,三渡闽江、四入长江,直到康熙年间被俘。

大清王朝对这个最后的抵抗者许高官、许厚禄,使尽了招安的诚意和办法,可惜张苍水的心里只有故国、故园,大丈夫"所争者天经地义,

好山河,竟落得如此腥膻

所图者国恤家仇,所期待者豪杰事功、圣贤学问"。

1664年,张苍水领了清王朝一纸杀无赦的敕令,从容赴死。他明知明王朝不可救而救之,明知不可为而为之,终究要尽一份士大夫的担当。

"好河山,竟落得如此腥膻!"这是他受刑前留给历史的最后一句话。

张苍水被葬于西湖南屏山荔枝峰下,他与岳飞、于谦一起,被后人并称为"西湖三杰"。

几十年后,一个名叫袁枚的杭州人,拜谒栖霞岭岳飞墓,写下了一行诗:"江山也要伟人扶,神化丹青即画图。赖有岳于双少保,人间始觉重西湖。"

1839 年的龚自珍

1839 年 4 月 23 日，48 岁的龚自珍对晚清官场失去了最后的耐心，他辞去正六品衔的礼部主事，连家眷都来不及携带，从初春的北京南归。

到苏州的时候，已经是炎炎仲夏了。

深秋时节，他再次返回北京迎接家眷，千里迢迢地往南迁，终于在深冬的 12 月 26 日抵达昆山的羽琌山馆。

这两个来回，240 多天，他风雨兼程，经历了四季。与他并行的那个时代，也到了"吸饮暮气，与梦为邻"的深冬至寒。

龚自珍一路纸笔随行，内心澎湃，写了 315 首诗，结集为一本诗集，名叫《己亥杂诗》。不承想这一本诗集，让这个本来籍籍无名的微官成为中国古代与近代交替的节点上一个重要的思想家。

他长着一双锐利、通彻的眼睛，看到了大清王朝歌舞承平背后巨大的民族危机和政治危机，他清醒着，却不为昏沉所容。

1819年，他开始第一次应会试，踌躇满志地向着功名和文卷翩翩而来，"抱功令文二千篇"，是何等用功。

1829年，十年寒窗，他经过四次会试落榜，终于在第五次考取了进士。殿试时候，他效法王安石的《上仁宗皇帝书》，写了一篇犀利的政治论文《御试安边抚远疏》。他推崇王安石的民族忧患意识和勇于破旧立新的改革精神。这篇考试作文议论新疆平定准噶尔叛乱后的善后治理，从施政、用人、治水、治边等方面提出改革主张，洋洋洒洒千余言。考官们大惊失色。这个朝廷已经不是康乾盛世那般如日中天，经历过嘉庆年间的连绵战祸，它在摇摇欲坠的暮气中守成。缄默是最好的法则，每个人的嘴里都说着"吉祥"，矜矜小节无敢稍纵，凶灾不敢入告，他们早已不习惯那恣意汪洋的文风和纵横捭阖的气格。

主持殿试的大学士曹振镛是个有名的"多磕头、少说话"的三朝不倒翁，他给龚自珍三甲第19名，理由是字写得太丑，"楷法不中程"。龚自珍不会墨浓、方正、光滑流畅的"馆阁体"。

从此，他让他的女眷们都使劲练"馆阁体"。这样的三甲进士入不得翰林院，自然谋不到好差事。可是，位卑不敢忘忧国，他无法缄默。

1832年，他上书朝廷《当世急务八条》；1833年作《古史钩沉论》《六经正名》《六经正名答问》等，从经学出发，提出鸦片贸易导致白银外流等社会危机解决方案；1834年，他又作《干禄新书》。官场十年，他始终保持着清醒的头脑，寻找着解决各种积弊的变革策略，他的忧患、他的批判、他的改良理想，尽在一篇篇经世致用的散文中,辞色下尽是筋节和骨相……

龚自珍从小生活在西湖边,龚氏家族自随宋室南渡,已在杭州的西子湖畔定居400余年。龚氏一族世代为官,龚自珍的祖父龚禔身、叔祖父龚敬身,父亲龚丽正、叔父龚守正,均为进士出身,都是朝廷重臣,都有诗集或者学术著作问世。

他的外祖父段玉裁更是乾嘉学派的代表人物,著有《说文解字注》《六书音韵表》等,是徽派朴学大师中的杰出代表。魏源曾这样评价这位好友——龚自珍,"于经通《公羊春秋》,于史长西北舆地,其书以六书小学为入门,以周、秦诸子吉金乐石为崖郭,以朝章国故、世情民隐为质干。"

段玉裁嘱咐过外孙龚自珍,"为名儒、名臣,勿愿为名士"。

站在父祖肩膀上的龚自珍,学养为儒、身份为臣,性格却是扈傲不羁的士,世情民隐是他放不下的精神重心,恰恰又遇上了晚清这样一个朝野都浑浑噩噩的时代。在他辞职前几个月的1838年底,当听说朝廷要派林则徐去广东禁烟,他赶紧去找林则徐,希望能一同前往广东,为禁烟出谋划策,可惜林则徐没有答应他。

这是他的隐痛,失去了成为名臣的机会,"绝域从军计惘然,东南幽恨满词笺。一箫一剑平生意,负尽狂名十五年"。

如果有机会,他都愿意放下笔,拿起刀来。他想起十年来,真是一场春梦冷,没有人明白走在时代前列的人,苦苦呼唤却得不到回应的失望。他觉得官袍配不上他的才华,就想南下江南去隐逸,做一个先生,给人生一次涤荡。这一路是何等的孤独,"此去东山又北山,镜中强半尚红颜。白云出处从无例,独往人间竟独还";这一路又是何等的悲哀,"消我关山风雪怨,天涯握手尽文人"。

他的国士性格,哪舍得下一身才志为国家的赤胆忠心啊!"浩荡离愁白日斜,吟鞭东指即天涯。落红不是无情物,化作春泥更护花。"

北京城,曾经寄托过龚自珍多少家国梦想,曾经交游过多少故友亲朋,一切的一切都成了身后事,有浩荡的离愁,也有吟鞭东指的喜悦。辞去了官职犹如从枝头掉落的残红,默默掉落大地,化作春泥是必然的宿命。那也要好好地珍惜这坠地余香,期待着下一个春花烂漫的季节,又有繁花爬上枝头。

他想到了李清照,自己这一次不也是一次丢盔弃甲的南渡吗?江山留与后人愁,我也把我所有的忧愁、所有的智慧、所有的期盼都写进我的诗歌里,等待后来者去思索、去求索这微言中的大义吧:

罡风力大簸春魂,虎豹沉沉卧九阍
……

进退雍容史上难,忽收古泪出长安
……

送我摇鞭竟东去,此山不语看中原
……

五都黍尺无人校,抢攘尘间一饱难
……

书生挟策成何济?付与维南织女愁
……

事事相同古所难,如鹎如鲽在长安

……

我焚文字公焚疏,补纪交情为纪公

……

别有狂言谢时望,东山妓即是苍生

……

踏遍中华窥两戒,无双毕竟是家山

……

《己亥杂诗》里,一半是剑气,一半是箫心,没有半点风花雪月。那个写诗的人,已在晴窗弄墨,背后是蹉跎了他大半辈子的阴沉宦海。

● 杭州城东马坡巷6号小米园内的龚自珍纪念馆

那个慨叹"屠狗功名,雕龙文卷,岂是平生意"的狂放诗人龚自珍,终究以诗文得垂范后世。"庄骚两灵鬼,盘踞肝肠深",他以庄子和屈原式的真诚打破清中叶以来诗坛模山范水的沉寂局面,绝少单纯地描写自然景物,他眼中的人和景,笔下的意象,总是着眼于现实政治与社会情势,发抒感慨,纵横议论。他的诗和文饱含着社会历史内容,是一个历史家、政治家的诗。"求政事在斯,求言语在斯,求文学之美,岂不在斯。"

那天,他到了镇江。镇江百姓正在举行迎神赛会,众神被抬出庙宇周游全城,好不热闹。正巧停下来看热闹的龚自珍被邀请写一篇祭文。他挥毫落纸,写成七言绝句一首:九州生气恃风雷,万马齐喑究可哀。我劝天公重抖擞,不拘一格降人才。

最哀不过万马齐喑的死气沉沉,哪儿才有能够激荡生气的新兴力量啊!"我劝天公重抖擞,不拘一格降人才",是中国近代历史上最早、最深邃的发问。

第二年,即1840年,第一次鸦片战争硝烟四起,华夏民族杯盘狼藉。

中国进入了整整百年的苦难长夜。正是因为有了这样的发问,才有渐渐觉醒的后来者去寻找答案。读他的诗,读他的文章,触目可见国事的议见和启蒙的光亮。柳亚子说他是"三百年来第一流"。李鸿章说,"古今雄伟非常之端,往往创于书生忧患之所得。龚氏自珍议西域置行省于道光朝,而卒大设施于今日"。张维屏说,"近数十年来,士大夫诵史鉴,考掌故,慷慨论天下事,其风气实定公开之"。梁启超先生曾言"晚清思想之解放,自珍确与有功焉。光绪间所谓新学家者,大率人人皆经过崇拜龚氏之一时期"。龚自珍自己都说,"一事平生无龉龃,但开风气不为师"。

风气开,黑暗中再远的路,终究会有黎明。

1841年,龚自珍拿起教鞭,执教于江苏丹阳云阳书院,他希望自己的执教能够像医治病梅那样,纵之顺之,深植大地,无棕无缚。可惜的是,没几个月,他突患急病去世。

他是中国古代文学史上的最后一位诗人,也是中国近代文学史和启蒙主义文学史的第一位诗人。

革命之前的章太炎

在余杭仓前镇,有一个大户人家,章氏家族。

清朝乾隆年间,章氏家族的当家人名叫章均,以县学增广生担任海盐训导,靠着祖上累世经营农业和他的善持家业,积累了颇多家产,成为当地的富族。

他捐出巨款,在余杭设立了一座"苕南书院",后来又捐出良田千亩设章氏义庄、义塾,收养族中鳏寡孤独者,收族中贫寒子弟入学。靠着自己的一点努力,他让章氏家族渐渐成为"诗礼冠冕"之家。

章均的儿子章鉴,援例国子监生。他平生喜好有两样:一是藏书,"有奇羡辄以购书,蓄宋元明旧椠本至五千卷",没事的时候就教子弟讲诵经文;二是行医,"自周秦及唐宋明清诸方书悉谙诵上口",他常常治病救人,秉持"药多则治不专"的理念,常常只开出三四味药,就能祛除他人病痛,也不多收人钱财,碰见穷人,还免费治疗。

1860年,太平天国运动打乱了整个国家的社会结构和经济关系。兵荒马乱中,章家只留下了藏书和医术这两样东西。靠着这两样东西,章氏家族把"诗礼之家"的传统继承了下来。章家过着比较悠闲的读书人生活,"扶雅堂"为章氏大家庭的公共空间,乡贤聚首,一派贤慧。

章均有个儿子叫章浚,也当了个基层官员——钱塘县训导,文化层次是廪生。章浚有三个儿子,长子章炳森,次子章炳业,三子章炳麟。

章浚的老丈人朱有虔是海盐县人,朱家也是书香门第,祖上出过进士。1878年,朱有虔专门从海盐来到余杭,给九岁的小外孙章炳麟授课。授课的内容主要是文字、音韵学,时间长达四年,晨夕无间。

外祖父回海盐养老后,章炳麟就跟着父亲章浚和大哥章炳森学习《四书》和"八股文"写作,"诵六经,训诂通",饱览史书,在家中小小的书房与古籍对话,泼墨挥毫。

1890年,章浚去世,章炳麟按照父亲的遗愿来到杭州西湖边上孤山之麓的诂经精舍,师从大儒俞樾等人继续治理经术和稽古之学。

诂经精舍,建于1797年,是由清代乾隆大学者、名臣阮元所建的书院。这所书院以朴学为主,而不是当时流行的应试教育——以讲授科举八股文为主,它更加注重内涵发展。朴学即考证学,是以经学为中心,而衍及小学、音韵、史学、天算、水地、典章制度、金石、校勘、辑佚等,主张实事求是、无征不信,在书页香气中通经致用。

1868年，即章炳麟出生前一年，晚清著名经学家、大儒俞樾执掌诂经精舍，开始了诂经精舍30年的"俞樾时代"。俞樾继承了顾炎武、戴震、王念孙、王引之等人的国学思想，是一代朴学大师，他有个曾孙，就是著名诗人、红学家俞平伯。俞樾注重引经据典，考问字词的来处。百年积淀的经学基础，为章炳麟提供了系统而开放的国学泽溉。在精舍高悬的"公羊传经，司马著史；白虎德论，雕龙文心"大字下，章炳麟潜心学问，前后长达七个春秋。

受顾炎武终身不食清禄、不仕夷朝的反清思想影响，章炳麟将自己的名字改为章太炎，也有一个"炎"字。当然，早在跟随外公、父亲和长兄学习的过程中，就埋下了"夷夏之防"思想的根。

他把《说文解字》读了72遍，9000多个汉字的音、形、义都了然于胸，还系统研究了《春秋》《左传》等古籍……

就这样，一代国学大师养成，胡适称他是古文学五十年来的第一作家。

不幸的是，大师养成的年代，也正是国家向心力渐渐丧失、洋人们的坚船利炮敲开国门的年代，国学大师无法安心在故纸堆中埋头学问。

1894年，中日甲午战争爆发，天崩地坼。在"三千年未有之变局"中，一代国学大师走出书斋，踏上反清革命的道路。

他第一个剪掉了象征清朝顺民的"辫子"，与孙中山、黄兴并称"辛亥三尊"；他与"改良派"的梁启超论战，发表著名的《驳康有为论革命书》；他七次被清政府通缉，三次入狱，在监狱中与写下《革命军》的邹容拘禁在一起,目睹邹容病逝。

袁世凯称帝,生怕章太炎反对。他敢于当面向窃国大盗袁世凯叫板,被袁世凯整整软禁了3年,直到1916年袁世凯病逝。他被软禁于北京期间,每月生活费500元,每天两个大洋的伙食费,足见袁世凯对他的"惧怕"。鲁迅在回忆他的老师章太炎时说:"大诟袁世凯的包藏祸心者,并世无第二人;七被追捕,三入牢狱,而革命之志终不屈挠者,并世亦无第二人。这才是先哲的精神,后生的楷模。"

正如章太炎的孙子所说,"他们敢于拿命去搏新社会,敢于去死,敢于拿自己的头颅去撞冰冷的旧城墙。而改良者无论如何没有这样的勇气"。

1917年,章太炎48岁。他逐渐沉寂,回归到国学讲堂中去,一个大学问家,正好用了整整20年的光阴,完成了一个革命家的使命。

从此,他开始专心学问。他撰写的《文始》《新方言》等著作,是近代语言学的奠基性著作。他创造的58个注音符号,是中国第一套汉字注音方案。他在小学、经学、史学、文学、诸子、医学等方面,都著述丰厚。

他热衷讲学,从早年流亡日本时期(1906—1911年),到后来定居苏州,开设"章氏国学讲习所",一直门庭若市。那个一手拿着粉笔,一手必拿烟卷儿的太炎先生,在讲台上亦是那么我行我素,惯常的狂。

"你们来听我上课是你们的幸运,当然也是我的幸运。"这是大师上课的开场白。

章门弟子中,有一批人成为新文化的翘楚,他们有陈大齐、

革命之前的章太炎

康宝忠、朱希祖、黄侃、钱玄同、周作人、马裕藻、朱宗莱、沈兼士、刘文典、鲁迅等。他的亲传弟子和再传弟子,执掌中国大学中文系数十年,国学后来者,多出自章门。

难怪,他能在民国的历史舞台上"飞扬跋扈",谁也不怕得罪。因为不管是哪个政治人物,都是反清革命家章太炎的后辈;不管是哪个新文化运动的主将,都是学问家章太炎的后学。

1936年6月14日,一代鸿儒章太炎去世。去世前,他写下遗嘱,"设有异族入主中夏,世世子孙毋食其官禄"。

无路的旅人

明朝中叶,江南查家有一支分到京津经商,世居天津水西村,即"北查"。1918年,"北查"出生了一个人物,叫查良铮,按照辈分,他是金庸的堂兄。和金庸一样,他把查字拆成"木"和"旦",并把"木"字改为"穆"字,取名"穆旦",他是中国现代诗第一人。

查良铮爱极了自由。祭祖的时候,年幼的他从不下跪。

日本人打进天津,他把母亲买来的日本虾皮和海蜇倒进垃圾桶。

他怀着赤子之心,抱有海宁查家人不合时宜的执拗,经历了最糟糕的年代,一生行走,丈量苦难的长度。

16岁,穆旦发表了第一篇诗歌《流浪人》,"软软地,是流浪人底两只沉重的腿,一步,一步,一步……"这似乎是一种注脚,穆旦就是那个无路的旅人。

诗人的第一次行走是从北平到长沙,从长沙到昆明。他是清华大学外文系的学生。按照他的性子,应该奔向战场的,国家危亡中,他并不安于只做一个读书的学生。可是国家要保留这批青年学子做未来民族复兴的建设力量,他服从这样的需要。

他只能拿起笔,为这个民族作自己的呐喊。

1938年1月,穿军装、打绑腿,穆旦加入了长沙临时大学的湘黔滇旅行团。这是中国教育史上的长征,三千里行走,跨越雪峰山、武陵山、苗岭、乌蒙山等崇山峻岭,夜宿学校、祠堂、戏园子、榨油坊……从内地前往昆明,"使穆旦的双脚真正踏在广袤而坚实的祖国大地,品尝着山河破碎的国仇家恨,感受着内地农民的苦难艰辛":

> 在军山铺,孩子们坐在阴暗的高门槛上
> 晒着太阳,从来不想起他们的命运……
> 在太子庙,枯瘦的黄牛翻起泥土和粪香,
> 背上飞过双蝴蝶躲进了开花的菜田……
> 在石门桥,在桃源,在郑家驿,在毛家溪……
> 我们宿营地里住着广大的中国的人民,
> 在一个节目里,他们流着汗挣扎,繁殖!
> 我们有不同的梦,浓雾似的覆在沅江上,
> 而每日每夜,沅江是一条明亮的道路,
> 不尽的滔滔的感情,伸在土地里扎根!

哟,痛苦的黎明!让我们起来,让我们走过
浓密的桐树,马尾松,丰富的丘陵地带,
欢呼着又沉默着,奔跑在河水两旁。

在西南联大这片"振兴并发展中国新诗的新垦地上",穆旦亲聆闻一多、朱自清、冯至、卞之琳、英国诗人燕卜荪讲课,系统接触了英国诗歌与诗歌理论。他把"五四"以来的新诗、西方传统诗歌、西方现代派诗歌融会贯通,形成了沉郁苍凉、深重厚实的中国现代派诗学传统,成为"九叶派"代表诗人。闻一多选编《现代诗钞》,选入穆旦诗歌达 11 首,唯一比他多的是他的老乡、隔着好多房的亲戚徐志摩,12 首入选。穆旦就这样以新锐诗人的身份入编中国现代文学作家行列。

诗人穆旦终究选择了战场,他的胸中有一腔热血。

1942 年 2 月,穆旦投笔从戎,参加了中国远征军,作为杜聿明部司令部随军翻译,出征缅甸。

两个月后,日军攻占腊戍,截断了中国远征军的大后方,中国远征军开始滇缅大撤退,10 万大军抛弃辎重,蝼蚁般进入茫茫野人山。追击他们的,只有 1 万多名日军。

野人山,杜聿明曾这样描述这块丛莽:"四围活动的生物是在蔓长的杂草里爬行着窸窣作声的大蟒和从脚踝上爬上来、从树叶上落下来的吸血蚂蟥,地下泥深没膝,没有路,只有累累白骨可作我们的指路牌……"

蚊蝇虫蟥,疟疾横行,饥不择食的官兵因吃了有毒的野菜而丧生,从蚂蚁般的队伍,到三三两两的散兵游勇,5 万人因疾病与饥饿死在了撤退路上的野人山和胡康河谷。

无路的旅人

野人山是穆旦一生的噩梦。穆旦所在的 207 师担任自杀性的殿后战,他任师长罗又伦将军的翻译。在日军的穷追下,子弹和炮火如影随形,穆旦的马死了,传令兵死了,一次断粮长达 8 天。在可怕的热带毒雨中,他的腿也肿了,那些让人害病的草木,以及无数腐败的尸身,都让诗人感到恐惧,幸有美军帮助,穆旦才到达印度。王佐良曾在《一个中国诗人》中这样描述道:"疲倦得从来没有想到人能这样疲倦,放逐在时间——几乎还在空间——之外,胡康河谷的森林的阴暗和死寂一天比一天沉重了,更不能支持了,带着一种致命性的痢疾,让蚂蟥和大得可怕的蚊子咬着。而在这一切之上,是叫人发疯的饥饿。他曾经一次断粮到八日之久。但是这个二十四岁的年青人,在五个月的失踪之后,结果是拖了他的身体到达印度。虽然他从此变了一个人,以后在印度三个月的休养里又几乎因饥饿之后的过饱而死去,这个瘦长的、外表脆弱的诗人却有意想不到的坚韧,他活了下来,来说他的故事。"

三年之后,诗人才拿起笔,写下了《森林之魅——祭胡康河上的白骨》,讲述了残酷青春与战争地狱的秘密,做最深沉的祭奠和纪念:

> 在阴暗的树下,在急流的水边,
> 逝去的六月和七月,在无人的山间,
> 你们的身体还挣扎着想要回返,
> 而无名的野花已在头上开满。
> 那刻骨的饥饿,那山洪的冲击,那毒虫的啮咬和痛楚的夜晚,

你们受不了要向人讲述,
如今却是欣欣的树木把一切遗忘。
过去的是你们对死的抗争,
你们死去为了要活的人们的生存,
那白热的纷争还没有停止,
你们却在森林的周期内,不再听闻。
静静的,在那被遗忘的山坡上,
还下着密雨,还吹着细风,
没有人知道历史曾在此走过,
留下了英灵化入树干而滋生。

1949年8月,穆旦自费赴美留学。在美国,杨振宁、李政道、穆旦等成立了"研究中国问题小组"。对于是否回国问题,穆旦坚决主张马上回,为此天天背俄文字典。

1952年,取得硕士学位后,穆旦就带着妻子卷起铺盖,千里迢迢地踏上了回国的路。这一路,应该是心潮澎湃吧。还记得鲁迅那句话,"有一分光,发一分热",这一次,对新中国有一份新期待,穆旦毅然踏上了归程。

回国后,穆旦在南开大学外文系任教,影响了几代人的《普希金抒情诗集》《普希金抒情诗续集》,拜伦、布莱克、济慈、雪莱的翻译诗集相继面世,诗人穆旦成了翻译家查良铮。

1955年2月,因曾任国民党远征军翻译官,曾在FAO(联合国世界粮农组织救济署)工作等"历史问题",穆旦成了"肃反审查对象"。1956年,徐迟、臧克家等人不断约稿,穆旦发表了一些诗,结果被批评为"几乎是一个没有改造的知识分子对知识分子改造的诬蔑""从这种阴暗的情绪出发,他的诗必然会歪曲甚至会诬蔑现实生活,攻击新的社会"。

1957年,对当代中国知识分子而言,更是一个颇有意义的年份。穆旦写了一首《九十九家争鸣记》,"百家争鸣固然很好,九十九家难道不行?我这一家虽然也有话说,现在可患着虚心的病……"可以想见,在那个年代,迎接他的将会是怎样的暴风骤雨。

他从此不再写诗,诗人穆旦完全变成了翻译家查良铮。1958年12月,作为"历史反革命",穆旦被送上法庭,万里归国的诗人,成了阶下囚,从九死一生的战场回来,还带回来一副镣铐。穆旦被判管制3年,1962年后继续在南开大学图书馆监管劳动,扫街扫厕所,每天破衣烂衫,靠着墙根走路,从不抬头看人。

他只沉浸在拜伦英雄般的豪情中,悄悄地翻译着《唐璜》那旷达的诗行,在凝重与轻灵的诗之交响中,舒缓着镣铐之身的窒息与苦痛,抵御着消沉悲观来袭。

1976年,显然是一个新时代的来临。穆旦蠢蠢欲动,又想拿起笔继续踏歌行。夫人周与良说:"咱们过些平安的日子吧,你不要再写。"诗人答应了,可是背地里,在那些能够找到的纸片上,他继续偷偷地行走在一行行诗句中:

> 我已走到了幻想底尽头,
> 这是一片落叶飘零的树林,
> 每一片叶子标记着一种欢喜,
> 现在都枯黄地堆积在内心。

> 有一种欢喜是青春的爱情,
> 那是遥远天边的灿烂的流星,
> 有的不知去向,永远消逝了,
> 有的落在脚前,冰冷而僵硬。
> ……

1976年3月,穆旦写下这首《智慧之歌》。"我已走到了幻想底尽头",时代允许他自由地行走,可是行走的时间没有了。第二年,59岁的穆旦告别人间,走到了人生的尽头。去世时,连他的子女都不知他就是那个曾经的诗人穆旦。

20年后,一批学者出版《二十世纪中国文学大师文库》,以学术角度将穆旦推上"百年诗歌第一人"的宝座,20年噤若寒蝉后,穆旦澎湃的诗情开始在中国大地快速升温。悲哀的是,中国很快进入了一个对诗无感的年代,无所谓长情,无所谓美感,快乐就好。

> 我爱在淡淡的太阳短命的日子,
> 临窗把喜爱的工作静静做完;
> 才到下午四点,便又冷又昏黄,
> 我将用一杯酒灌溉我的心田。
> 多么快,人生已到残酷的冬天。
> ……
> 当茫茫白雪铺下遗忘的世界,
> 我愿意感情的热流溢于心田,
> 来温暖人生的这严酷的冬天。

无路的旅人

穆旦常说,"一个人来到世界上总要留下足迹",他行走59年,受难59年,无路的旅人苦苦地寻找着出路,那苦难的足迹就是烙进中国大地上的诗行,任草木繁盛、江潮激荡,永远掩不住。

为什么我的眼里常含泪水

1905年,父亲过世,16岁的蒋中樽只好放弃金华城里的学业,回到双尖山中的老家傅村镇畈田蒋家继承家业,家业是祖上留下来的十余间房屋和两百多亩水田。当了地主家的主事男人,自然得有内当家,他娶了义乌县王阡村的女子楼仙筹为妻。

五年后的1910年,楼仙筹难产,整整耗了两天两夜才生下一个男孩。蒋中樽认为这是个不祥之兆,他找来算命先生。算命先生说这男孩克父母,需要送给一个贫苦农民家里养育,五年后才能领回来。

蒋中樽给儿子取名蒋海澄,把他抱给本村一户农家寄养。养母名叫"大叶荷",穷得没法子,为了有奶水喂养小海澄,她溺死了自己的一个女儿。

他说过:"个人的痛苦与欢乐,必须融合在时代的痛苦与欢乐里。"他喝着大叶荷的奶水长大,一出生就在劳苦大众的悲苦中,感染着"农民的忧郁"。这是他人生之初感受的时代悲欢。

5岁后,他回到地主阶级的家里,父亲不准他叫父母为爸爸妈妈,只准他叫叔叔婶婶,充满了冷漠和歧视,这让他更加留恋那份农民后代的温暖,"只有在大堰河家里,我才感到温暖,得到宠爱"。

1932年1月28日,22岁的蒋海澄从法国马赛动身回国。同一天,上海的日军向闸北的国民党第十九路军发起进攻,随后进攻江湾和吴淞,这就是"一·二八"事变。灾难深重的祖国在抗战的炮火中迎回了一个赤子。

他开始感受这个国家的悲欢。

回国后的蒋海澄参加了中国左翼美术家联盟。他的梦想是当一名画家。从少年时代起,他就酷爱绘画,喜欢用色彩表达自己对于世界的感情,并在美术中寻求精神的慰藉。18岁的时候,他考入杭州国立艺术院绘画系学习油画,校长林风眠跟他说,学习绘画,还是需要到欧洲去。

蒋海澄只身前往法国进行了三年多半工半读的绘画学习,他想做一个大自然的歌手。

林风眠不会想到,蒋海澄会走上一条与绘画完全不同的道路。林风眠28岁从欧洲留学归来,创办了杭州国立艺专,培养了李可染、吴冠中、赵无极等一大批具有独立精神的艺术家。

蒋海澄在鲁迅、冯雪峰的支持下,和江丰、力扬等美术青年组织了春地艺术社,并在基督教青年会的楼上举办"春地画展"。没想到参与一次画展,就被法租界巡捕房拘捕,关进了监狱,罪名是"宣传与三民主义不相容主义"。

1933年1月14日的上海早晨,雪下得纷纷扬扬。铁窗内的蒋海澄看到漫天飞扬的雪花,想到了自己当初的保姆大叶荷,他诗情澎湃,想写出这不公道的世界的咒语,想写一首呈给大叶荷的赞美诗:

你用你厚大的手掌把我抱在怀里,抚摸我;
在你搭好了灶火之后,
在你拍去了围裙上的炭灰之后,
在你尝到饭已煮熟了之后,
在你把乌黑的酱碗放到乌黑的桌子上之后,
在你补好了儿子们的为山腰的荆棘扯破的衣服之后,
在你把小儿被柴刀砍伤了的手包好之后,
在你把夫儿们的衬衣上的虱子一颗颗地掐死之后,
在你拿起了今天的第一颗鸡蛋之后,
你用你厚大的手掌把我抱在怀里,抚摸我。
……
大堰河,含泪的去了!
同着四十几年的人世生活的凌侮,
同着数不尽的奴隶的凄苦,
同着四块钱的棺材和几束稻草,
同着几尺长方的埋棺材的土地,
同着一手把的纸钱的灰,
大堰河,她含泪的去了。
……

为什么我的眼里常含泪水

他的虔诚与沉郁、悲愤与叛逆,他的对于那片黑暗土地深深的眷恋与热爱,都写在了这首《大堰河——我的保姆》里。

与土地的深沉和鸣,从此成为蒋海澄终身的生命情怀。

前往探监的朋友将这首诗的手稿带了出来,发表在1933年第二期的《春光》杂志上,画家蒋海澄变成了诗人艾青。《大堰河——我的保姆》成为优秀的现实主义诗人艾青诗人生涯不可动摇的里程碑。

1935年10月,艾青出狱,手上的笔已经成为心中的号角。

1937年7月6日,沪杭路的车厢里,艾青眺望窗外的青葱原野,掏出笔写下《复活的土地》,他渴望:

腐朽的日子

早已沉到河底,

让流水冲洗得

快要不留痕迹了;

河岸上

春天的脚步所经过的地方,

到处是繁花与茂草;

而从那边的丛林里

也传出了

忠心于季节的百鸟之高亢的歌唱。

播种者呵

是应该播种的时候了,

为了我们肯辛勤地劳作

大地将孕育

金色的颗粒。

就在此刻,

你——悲哀的诗人呀,

也应该拂去往日的忧郁,

让希望苏醒在你自己的

久久负伤着的心里:

因为,我们的曾经死了的大地,

在明朗的天空下

已复活了!

——苦难也已成为记忆,

在它温热的胸膛里

重新潆流着的

将是战斗者的血液。

第二天,即1937年7月7日,古老的卢沟桥上响起了日本侵略者的枪声,《复活的土地》被称为民族解放战争的预言诗。艾青一洗过去的沉郁,开始在伟大的抗日战争中充当时代的歌手,用神圣的灵感擦出照亮灵魂的火花。

他来到成为抗战中心的武汉,担任中华全国文艺界抗敌协会的刊物《文艺阵地》编委,负责审阅刊发的诗稿。

在阴冷的武昌的冬夜,诗人艾青看到了《雪落在中国的土地上》,"寒冷在封锁着中国呀……风,像一个太悲哀了的老妇。紧紧地跟随着,伸出寒冷的指爪,拉扯着行人的衣襟。用着像土地一样古老的话,一刻也不停地絮聒着……中国,我的在没有灯光的晚上,所写的无力的诗句,能给你些许的温暖么?"

为什么我的眼里常含泪水

他知道，中国的太悲哀了的老妇、赶着马车的农夫、蓬发垢面的少妇将和他一样，走上一条如此崎岖、如此泥泞的路，走过广阔而漫长的中国的苦痛与灾难。

1938年11月，艾青流徙到桂林。

这时候的桂林，正遭受日军夜以继日的空袭，到处是废墟和尸体，满目凄凉。

他住的房子被炸毁，走在街上，一片弹片就落在距离他两三米的地方，他说自己是"战争的幸存者"，他挥起抗战的笔杆，写那些《死难者画像》，写那些《吹号者》和《他死在第二次》的人们。

《广西日报》副刊《南方》成为艾青的阵地，他以悲凉与忧郁为底色，竖起了抗战文艺气壮山河的一面旗帜，团结着一大批旅桂文人，写出了300多篇各种类型的文艺作品。最艰难、最危险的时候，也是以笔为枪、文人风骨恣意纵横的时期，他出版了诗集《北方》。他曾在公园里看到过一位少女将诗集《北方》交给她的男友，并叮嘱男友要好好读一读的情景。他也收到过一位仰慕他的年轻女读者寄来的一块白布，她恳请他将诗集中的诗句挑出来写在上面，她想用针线绣出这些句子，作为纪念。

他写出了至今都脍炙人口的不朽诗篇《我爱这土地》：

假如我是一只鸟，
我也应该用嘶哑的喉咙歌唱：
这被暴风雨所打击着的土地，
这永远汹涌着我们的悲愤的河流，
这无止息地吹刮着的激怒的风，

和那来自林间的无比温柔的黎明……
——然后我死了,
连羽毛也腐烂在土地里面。
为什么我的眼里常含泪水?
因为我对这土地爱得深沉……

《我爱这土地》写于1938年11月17日,发表于同年12月桂林出版的《十日文萃》。艾青说过,叫一个生活在这年代忠实的灵魂不忧郁,这有如叫一个辗转在泥色的梦里的农民不忧郁,属于天真的一种奢望。他又说,把忧郁与悲哀,看成是一种力。

从此,每每这个民族遭遇内忧或外患,每每这个民族的情感被激荡的时候,总有人朗诵起:"为什么我的眼里常含泪水?因为我对这土地爱得深沉。"

评论家冯雪峰说,"艾青的根是深深地植在土地上",是"在根本上就正和中国现代大众的精神结合着的、本质上的诗人,中国新诗的创造可以说正由他们在开辟着道路"。

旅居桂林11个月后的1939年9月,艾青应衡山乡村师范学校校长彭一湖之邀,来到湖南西部的新宁县,担任最高年级两个班的国文教学工作。

山川草木,波光云影,艾青在这里的土砖结构小院里度过了一生中难得的乡野生活。他拾起了久违的画笔,在夫夷江边作画写生,陪伴他的总是可爱的学生们。

他写下了《秋》《水牛》《水车》《浮桥》《沙》《独木桥》《岩壁》《深潭》《水鸟》《船夫和船》《无题》等诗章。诗章里多了

为什么我的眼里常含泪水

清丽,少了忧郁,只有在偶尔目睹前线撤下来的伤兵和死难者的坟茔时,他才会记起这还是悲哀的抗战年代。

1939年冬,艾青在新宁创作完成了诗歌理论专著《诗论》。《诗论》是我国自"五四"运动以来第一部全面、系统研究新诗的专著。其中《诗的散文美》《诗与时代》《诗与宣传》三篇文章为在桂林所作,作为该书核心的《诗论》《诗人论》则在新宁写成。《诗论》是艾青诗歌创作的美学总结,也成为我国新诗艺术发展不可多得的理论著作。

春花烂漫的季节,艾青收到了好友叶以群从重庆寄来的信,"你不能老在乡下待,太闭塞,太憋气"。

是啊,闻不到"战斗的气息""不能像野狗似的在荒墓间踯躅,为死人而哀伤……"他需要到抗战的前线去,需要投入到高擎着火炬奔向光明的洪流中。他说过:"最伟大的诗人,永远是他所生活的时代的最忠实的代言人;最高的艺术品,永远是产生它的时代的情感、风尚、趣味等等之最真实的记录。"

在从湖南前往重庆的轮船上,他一气呵成,写成了抗日战争时期堪称《向太阳》姊妹篇的《火把》。"火把,以最高的热度,点燃了一个光的世界,照亮我们的脸,照亮我们的昂起着的胸部,照亮我们的脚,照亮任何障碍都不可能阻挡我们前进的全体,照亮城市,照亮街市,正是千千万万中国人烧尽黑暗苦难迎接光明的指路灯,正是抗战年代鼓舞革命青年的青春之歌。"

想不到在重庆,艾青、田汉等进步文化人士遭到了国民党的监视和恐吓,他长鸣号角,同时风雨满楼。

周恩来说:"像艾青先生这样的人,到我们延安可以安心写作,不愁生活问题。"用笔尖寻找民族出路的诗人艾青,由周恩来指出了一条光明的出路。

那年初春的北上路上,一个穿着水獭领皮大衣的高级参谋,一个穿着长筒马靴的副官,一个剃着光头的勤务兵,一个戴着眼镜穿着咖啡色长袍的随行文书,一个携带了羊皮夹克和高跟鞋的女家眷,一路瞒天过海,走了一个多月,终于到达了延安。他们分别是诗人艾青、画家张仃、作家罗烽、诗人严辰、作家逯斐。

人民诗人艾青,在中国革命圣地延安,拥有了最心仪的心灵土地。他选择在中华全国文艺界抗敌协会延安分会工作,每天除了开会,就是写作,他有了伟大歌手的自觉:"我永远渴求着创作,每天我像一个农夫似的在黎明之前醒来,一醒来,我就思考我的诗里的人物和我所应该采用的语言,和如何使自己的作品能有一分进步……甚至在我吃饭的时候,甚至在我走路的时候。"

1942年5月,艾青参加了延安文艺座谈会。就是在这次会议上,毛泽东发表了著名的《在延安文艺座谈会上的讲话》,要求"我们的文艺工作者的思想感情和工农兵大众的思想感情打成一片"。

艾青开始接受精神洗礼,走向工农生活,他去南泥湾和金盆湾慰问军垦战士。在南泥湾这片塞上江南,艾青受到热火朝天的劳动景象和秧歌锣鼓感染,自告奋勇组建中央党校秧歌队,他带领100多人的秧歌队,演遍了杨家岭、王家坪、桥儿沟、南泥湾等地。他写了一篇《论秧歌剧的形式》,把当年流行于陕北根据地的新秧歌剧提到现代新歌舞剧的高度来考察,受到毛泽东的充分肯定。6月28日,文章在《解放日报》刊登。

也是在南泥湾,他结识了好朋友王震将军。

艾青,与那个时代的延安民主政治生活发生了同频共振,他从一个带有许多小资产阶级观念的自由诗人,蜕变为具有自觉意识的人民诗人。"我正带着嘶哑的歌声,奔走在解放战争的烟火里……,母亲来信嘱咐我回去,要我为家庭处理善后,我不愿意埋葬我自己,残忍地违背了她的愿望,感激战争给我的鼓舞,我走上和家乡相反的方向——,因为我,自从我知道了,在这世界上有更好的理想,我要效忠的不是我自己的家,而是那属于万人的,一个神圣的信仰。"(《我的父亲》)

边区群英大会上,艾青获得"甲等模范文化工作者"奖,他开始在"鲁艺"兼职讲授"毛泽东文艺思想",艾青成了延安文化界的代表人物。

20世纪40年代的中国诗坛,是艾青的年代。

1945年9月抗战胜利后,延安鲁艺组织了两个工作团,分别奔赴华北与东北解放区迎接新的战斗。在延安生活了四年的艾青被安排担任华北文艺工作团团长,去张家口一带活动,团员包括贺敬之等100多人。

"要和山告别了。山是那么单调、枯涩,山里的居民是那么贫穷。但山是伟大的,山里的居民是伟大的,山和它的居民在抗日战争中,起了伟大的作用。就是那千万险峻的山峰,波浪汹涌似的岗峦,成了我们军事力量的摇篮,不驯服的山,培养了不驯服的人民。"陕北和晋西北那蜿蜒起伏的高山和生活其中的人民,成为艾青精神上的摇篮。

他早就说过,"诗人必须鞭策自己把自己的情感和思想与正经历着艰苦的革命事业联系在一起,日夜为这事业而痛苦着

去寻觅真实的形象 —— 真实的语言 —— 真实的诗"。

张家口成为诗人艾青重要的人生驿站。从陕北的山沟沟里走出来，诗人艾青内心的激动不言而喻："当我们想到这是我们的城市，这是人民的城市，这是人民经过了多么长久的艰苦斗争而解放的城市，人们将在这里生活着，不受帝国主义强盗们的虐待，不受军阀官僚们欺侮，可以自由地呼吸，自由地生活，自由地歌唱，该是多么幸福啊！"

从此，随着解放战争的节节胜利和新中国的成立，艾青一直从事着党的文艺事业领导工作，直到1957年，艾青被打成右派。

"你离开文化圈子吧，换换环境。1954年我在铁道兵团的时候，叫你到我那里，你没有去；1956年我去大兴安岭视察时，我站在大兴安岭上，观望着茫茫的大森林时就想，要是艾青到这里来，一定会写出好诗。"好朋友王震将军悄悄跟他说。

1958年4月，艾青一家人来到北大荒，一个十万转业大军战天斗地的地方。他担任一个林场的副场长，再次开始和土地打交道。不同的是，这一次，他只能悄悄地写诗，写完了再悄悄给王震将军看。

好在，他依然挚爱他脚下的土地，并为之歌，为之咏。他写《老头店》，写了100首《风物诗》，并在天寒地冻中，感受垦边大军的无边激情。

一年多后的1960年秋天，艾青携带家眷纵横5000多公里，来到美丽的新疆石河子。他爱上了石河子这座收留他的年轻的城市：

为什么我的眼里常含泪水

> 我到过许多地方
> 数这个城市最年轻
> 她是这样漂亮
> 令人一见倾心
> 不是瀚海蜃楼
> 不是蓬莱仙境
> 它的一草一木
> 都由血汗凝成

在新疆,他感受到军垦战士白手起家、与天奋斗的革命精神。光阴很长,诗歌却很短。艾青开始写作小说《绿洲笔记》,他用鸿篇巨制写下那些抛家舍业者开发新疆的雄浑画面。为了创作报告文学《苏长福的故事》,他主动提出要跟着这位创下30万公里车辆无大修纪录的卡车司机上路。从南疆到北疆,最近的一条路是需翻山越岭的山路,很窄,稍有不慎就有坠落之险。艾青毫不畏惧地去了,诗人用自己的脚去丈量被歌颂者的万水千山,去攀登被歌颂者的精神海拔。

17年后,他终于回到了北京。归来的诗人开始了新时代的歌咏,正如多年前在黑龙江畔写的那首诗那样,《迎接一个迷人的春天》:

> 我们曾经像蜗牛似的,
> 在脚墙根上慢慢地爬行;
> 我们曾经像喇嘛教徒似的,
> 敲着木鱼,念着经消磨时间。

然而,整个外面的世界,
成千上万的车队,
在高速公路上飞奔,
而米格25战斗机,
随时都有可能像闪电划过
我们神圣的蓝天,
我们所面临的是一场无比
严峻的考验。
经历了多少的动荡与不安,
我们终于醒悟过来了,
终于突破了层层坚冰,
迎来了万马奔腾的时间。
……
我们要拉响所有的汽笛,
来迎接这个新时代的黎明;
我们要鸣放二十一门礼炮,
来迎接这个岁月的元首;
所有的琴师拨动琴弦,
所有的诗人谱写诗篇,
所有的乐器,歌声,
组成最大的交响乐章,
来迎接一个迷人的春天!

1983年3月5日,艾青收到老朋友王震的一封信,"亲爱的老艾:黑龙江三江平原,现在要全面开拓,我带去那些英雄的抗美援朝战士们,把大半生献给了北大荒,有些都有了孙子,请你写诗歌颂歌颂这些开拓的先行者。但绝莫挂上我。你的老友王震"。

没有一个时代,不需要人民歌手。

胡风说过:"他的语言不过于枯瘦,也不过于喧哗,更没有纸花纸叶式的繁饰,平易地然而是气息鲜活地唱出了被现实生活所波动的他的情愫,唱出了被他的情愫所温暖的现实生活的几幅面影。"

追着太阳、光明、春天、黎明、生命、火焰,这样的歌吟,是眼中有忧郁,心中有阳光。

我们这一代，
应该为抗战而牺牲

他说自己是"一出结构并不很好而尚未完成的悲剧"，那个时代的中国也是这样一出悲剧。

富春山中，清冷的钱塘江曲处，他出生了。1899年，父亲去世，他尚不足3岁。

1913年，辛亥革命开辟的政治民主化道路并没走多远，犹如昙花一现。17岁的他随长兄郁曼陀东渡日本，开始了长达8年的留学生活。在异国他乡的青春里，他与所有年轻人一样有过孤独、躁动、忧郁和放纵的年华。

多年后，他把这样无边际的苦闷年华以小说的形式写成一本《沉沦》在国内出版，很快轰动全国，他的名字成为"一切年轻人最熟悉的名字"。人们喜欢他文字中传达出来的感伤和细腻，人人皆觉得他是个可怜人，是个朋友，因为人人皆可从他的作品中发现自己的模样："他到了一家妓院，经过一夜酗酒和放纵之后，他遥望着西方的故国，走向波涛的深处，口中断断续续地说着：祖国呀祖国！我的死是你害我的！你快富起来！强起来罢！你还有许多儿女在那里受苦呢！"

周作人说，这是"青年的现代的苦闷"，"生的意志与现实之冲突是这一切苦闷的基本"。

他并不是个厌世悲观、遗世独立的文人。

早在日本留学的 1917 年，他在日记里就写过："予已不能爱人，予亦不能好色，货与名更无论矣。然予有一大爱焉，曰：爱国。予因爱我国，故至今日而犹不得死；予因爱我国，故甘受人嘲而不之厌；予因爱我国，故甘为亲戚兄弟怨而不之顾。国即予命也，国亡，则予命亦绝矣。"

11 月的日记上他又写道："予上无依闾之父母，下无待哺之妻孥，一身尽瘁，为国而已，倘为国死，予之愿也，功业之成与不成，何暇计及哉。"

那个时候，他就有为国家鞠躬尽瘁、死而后已的决心。

1921 年 9 月，他应郭沫若的邀请回到上海，在《时事新报》发表《创造》出版预告，提出"主张艺术独立，愿与天下之无名作家，共兴起而造成中国未来之国民文学"。

"创造社"是 1921 年 7 月初，在他日本的寓所中，张资平、郭沫若、何畏、徐祖正等人和他商量，一起发起创办的具有同人性质的新文学社团。那个月，在上海法租界的望志路 106 号和嘉兴南湖，13 个代表秘密开会，宣布中国共产党的诞生。

很快，《创造社丛书》在上海出版。丛书最早收录的作品有郭沫若的诗集《女神》，他的小说集《沉沦》。《沉沦》是中国现代文学史上第一部小说集。

他成为创造社最重要的负责人,先后创刊了《创造季刊》《创造周报》《创造日》《创造月刊》等。"在这一个熬煎的地狱里,我们虽默默地忍受一切外来的迫害欺凌,然而有血气者又哪里能够",因此要"积极的就想以我们的微弱的呼声,来促进改革这不合理的目下的社会的组成"。

1923年,陷入困窘的"北漂"青年沈从文给陌生名人写信求助,只有他登门看望沈从文,并请沈吃饭,送沈钱和围巾,还推荐沈在报纸上发表文章。

他的笔触细腻苦闷,内心同情无产阶级,痛恨富人,是一个走到哪里,都把一个图书馆背负在哪里的文人战士。

他写过脍炙人口的古体诗:"不是樽前爱惜身,佯狂难免假成真。曾因酒醉鞭名马,生怕情多累美人。劫数东南天作孽,鸡鸣风雨海扬尘。悲歌痛哭终何补,义士纷纷说帝秦。"他认为悲歌痛哭都没有任何益处,正义的人应该像鲁仲一样报效国家。

正因为这份国士精神,他赢得了鲁迅的友谊。鲁迅邀请他一起合编《奔流》等刊物,也常常是他饭局上的座上客,那首著名的《自嘲》就是1932年10月12日在上海聚丰园被他宴请时写的:"运交华盖欲何求,未敢翻身已碰头。破帽遮颜过闹市,漏船载酒泛中流。横眉冷对千夫指,俯首甘为孺子牛。躲进小楼成一统,管他冬夏与春秋。"

他和鲁迅是同路人,说要"躲进小楼成一统,管他冬夏与春秋",可是在民族的劫难中他们都不会躲,是风度,是风格,更是风骨。

我们这一代,应该为抗战而牺牲

他与鲁迅惺惺相惜。1936年鲁迅去世,他在《怀鲁迅》中写道:"没有伟大的人物出现的民族,是世界上最可怜的生物之群;有了伟大的人物而不知拥护、爱戴、崇仰的国家是没有希望的奴隶之邦。"

他不愿意做这样的奴隶,因此他给自己的一个孩子取名郁飞,出自抗金英雄岳飞;给一个孩子取名郁云,出自岳飞的儿子岳云;给一个孩子取名郁亮,因有了两员猛将,自然要个诸葛亮才能文武双全,这样才能战无不胜。

在危机愈加深重的二十世纪二三十年代,他始于觉醒时直面人性颓废的勇气,终于觉悟时直面民族灾难的勇敢。

"1937年,或者是中国的一个转机;1937年,也许是中国的一个濒于绝境的年头。"1937年元旦,郁达夫在他的文章中做这样的预测。

他的预测成真。杭州西湖边上的"风雨茅庐"是他的居所,抗战全面爆发后,他从这里出发,投身抗日洪流。

他首先到福州开展抗日救亡运动,任《福建民报》副刊主编和《救亡文艺》主编,以笔为枪,慷慨陈词,撰写了大量政论杂文。

那年隆冬的福州光禄寓所,他给前来拜访他的青年陈力夫题词:"我们这一代,应该为抗战而牺牲。"

他没有想到,首先牺牲的竟然是富阳老家他年逾七旬的母亲。因为不愿意伺候日本人吃喝,母亲躲进后山中,在风雪交加中活活饿死在山洞里。闻知噩耗,他数次几近昏厥。

尚未息哀,他便匆匆奔赴武汉,出任国民政府军委会政治部设计委员,带队进行"笔尖上的抗战","年年风雨黄花节,热血齐倾烈士坟。今日不弹闲涕泪,挥戈先草册倭文"。

从此,他成为文化抗战前线的启明星。在武汉,与文艺界的进步作家茅盾、冯乃超、鲁彦等一大批人,成立中华全国文艺界抗战协会,他被选为理事。他开始奔跑在抗战前线。台儿庄大捷,击毙击伤日军一万多人,他欢呼雀跃:"大战临城捷讯驰,倭夷一蹶势难支。拼成焦土非无策,痛饮黄龙自有期。晋陕河山连朔漠,东南旗鼓壮偏师。怜他傀儡登场日,正是斜阳欲坠时。"

他认为,抗战最大的目的是求得中华民族的自由解放与国家的独立完整,策略是以空间换时间,积小胜为大胜。

抗战总有迂回,总有低谷。1938年秋,广州、武汉等城市相继失守,坚定宣传抗战必胜信念的他,遭到了很多投降派的公然攻击与诽谤。

刚巧这时,南洋侨商胡文虎和《星洲日报》社长胡昌耀邀他去担任该报文艺编辑。郁达夫决定到南洋去做抗日宣传,在南洋建立一座抗战的文化中继站。1938年12月,他登上轮船,途经香港远赴南洋。

抵达新加坡的第二天,是1939年的元旦,他发表了一首旧体诗《雁》,提出"文化人要做识风浪的海鸥"。这一天,他还发表了一篇政论文《估敌》,认为"敌国内既无可调之兵,国外亦无存聚之货"。因此,抗战必胜。

在南洋,他先后主编过11种报纸副刊和杂志,每天伏案工作10小时以上,多次发动稿酬捐助运动和文稿义卖周,为抗战筹集经费。三年多时间,他发表了400多篇抗战文章。

中国新闻社的创办人之一张楚琨在《忆流亡中的郁达夫》

我们这一代,应该为抗战而牺牲

中回忆:"那时的郁达夫在熬夜编三个副刊后仍坚持工作,虽然眼睛布满红血丝、声音沙哑,却依然斗志昂扬地对青训班作朝会讲话(他兼青训班大队长)。敌人轰炸加剧,他毫不畏惧地从一个地方转移到另一个地方,他那瘦弱的躯体爆发着火一般的生命力,我仿佛看到了一个在为希腊自由而战的拜伦。"

1942年2月,战火烧到了新加坡。他化名赵廉,流亡印度尼西亚的巴亚公务,开办了一家"赵豫记酒厂"。

不幸的是,当地日军得知他懂日文后,逼迫他担任翻译。利用这个身份,他掩护华侨和当地印尼人的抗日活动,想方设法营救和保护他们,这其中就包括在巴亚公务期间遭宪兵队追杀的华侨领袖陈嘉庚。

"余年已五十四岁,即今死去,亦享中寿。天有不测风云,每年岁首,例作遗言,以防万一。自改业经商以来,时将八载,所得盈余,尽施之友人亲属之贫困者,故积贮无多。"1945年初,他提笔再一次立遗嘱,随时为抗战牺牲。

他发现日本宪兵每天都会到他家里喝酒闲聊,猜测自己的身份应该被暴露了。为了掩护胡愈之、沈慈九、张楚琨、高云览这些流亡印尼的文化名人离开,他不动声色,与日军周旋。日军想放长线,把这些文化名人一网打尽,他正好利用了这个时间差。

1945年8月16日,他从广播里听到了日本天皇下诏投降的消息,非常兴奋,一直坚信的抗战必胜终于变成了现实图景,梦想终于照进了生活。他都想好了,如何和新加坡流亡来的报纸同人一起,迎接联军登陆,如何创办报刊,迎接这个世界的解放。

8月29日晚,一个印尼青年敲响了他的房门,把他叫了出去,他甚至来不及换下拖鞋就出门了。这一走,就再也没有回来。

他的死已经成为一个历史谜团,他是最后一个被日寇残害的文化名人,死在日本宣布投降的第14天,日本签署投降协议的前4天。

无雨哪能见晴之可爱,他说过,"男儿只合沙场死,岂为凌烟阁上图"。早在1936年,他就写过一首诗,"但求饭饱牛衣暖,苟活人间再十年",想不到一语成谶。

已故著名文艺理论家钱谷融曾评价:"郁达夫在中国现代文学史上是一位很有特色的作家,一向受人瞩目。他那自传式的带有强烈感情色彩的作品,至今仍不断引起人们的兴趣;他坎坷不平的一生以及最后的不幸结局,更经常引起人们嗟叹与悼惜。"

被他掩护的革命学者胡愈之先生后来出任新中国首任国家出版总署署长,他说:"在中国文学史上,将永远铭刻郁达夫的名字,在中国人民反法西斯战争的纪念碑上,也将永远铭刻郁达夫烈士的名字。"

富春山中,清冷的钱塘江曲处,那些年,总有一位名叫孙荃的妇人,每逢旧历七月十五日,都准备好一盘祭品,向着南天遥望,盼望丈夫魂兮归来。

他曾经写过一首《乙亥夏日楼外楼坐雨》:"楼外楼头雨如酥,淡妆西子比西湖。江山也要文人捧,堤柳而今尚姓苏。"好在,中国的这出悲剧已经结束。

我们这一代,应该为抗战而牺牲

后　记

认识浙江,是从乌镇和西塘开始的。

有朋友说,江南的水乡古镇,都长着一副相同的皮囊。我不相信,世界上没有两片完全相同的树叶,何况两座古镇呢?

于是,我一次又一次地往返乌镇和西塘,从清晨到深夜。我发现,时间会赋予古镇不同的气质与情态。乌镇充满了艺术气质,从茅盾的小说、木心的绘画以及散文,甚至于蓝印花布和酿酒坊,都渗透着一层从生活深处生发开来的艺术滋味。西塘是不一样的,风雨长廊下店里的小物件、临街窗口外木板上那些或诙谐或清新的句子,酒吧里蹦蹦跳跳的男女,都是文艺范儿。

后来,我去嘉兴的南湖、杭州的西湖、湖州的莫干山、绍兴的东山、温州的雁荡山、舟山的普陀山……

自然遇见了很多面孔，想不到浙江竟然是这么多名人的故乡。有时候走一天，可以参观四五个名人故居。

　　我开始痴迷于这种跨越时空的遇见。就像在西湖，掠过断桥、苏堤、白堤和雷峰塔，我辛辛苦苦地寻找苏东坡纪念馆、岳飞庙、于谦墓和于谦祠、黄宾虹故居、章太炎墓、张苍水墓、马一浮纪念馆……他们曾经来过，他们不曾离开，他们成为流淌在我们血液里的基因。

　　非常感谢嘉兴学院浙江省社科联社科普及课题"浙江乡贤传统与世家文化图谱"课题组师生给予的学术指导和经费资助。感谢杭州师范大学给予的大力支持。

　　我不敢说这本书能够为浙江精神寻找到文化源头，但至少它部分地重建了乡贤传统的集体记忆，顺着这种记忆，我们能够在钱塘江、富春江、新安江、浦阳江、瓯江、楠溪江、椒江、曹娥江、甬江、飞云江、鳌江、苕溪等江河的浪潮中，找到浙江的精神脉流。

　　还是那句话，思想的光芒可以折射远方，为此，我愿意翻山越岭去寻找故事，蹚水过河去求得真我。

　　第一次去海宁袁花镇，参观的是金庸旧居，第二次再去的时候，已经是金庸故居。不胜哀伤的时候我想，没什么江湖路远，只一往情深，万水千山，苦随君行。

宋文新
2020年8月31日

后　记